APRENDA
INGLES
ENGLISH
FACIL Y RAPIDO

by Alicia Arnaldo

Anita G. Dente

and

Laura J. Furey

Our Lady of Perpetual Help High School, Brooklyn, New York

Second Edition

Para ayudarlo a marchar en su estudio, hemos
incluido relojes como el que se ve
arriba para marcar cada intervalo
de quince minutos. Usted puede leer una
de estas unidades o lecciones cada día o
según sean sus requisitos.

BARRON'S

CONTENTS

All inquiries should be addressed to:
Barron's Educational Series, Inc.
250 Wireless Boulevard
Hauppauge, New York 11788
http://www.barronseduc.com

Library of Congress Catalog Card No. 98-70595
International Standard Book No. 0-7641-0622-8

Cover and Book Design Milton Glaser, Inc.
Illustrations Juan Suarez
PRINTED IN THE UNITED STATES OF AMERICA
9 8 7 6 5 4 3

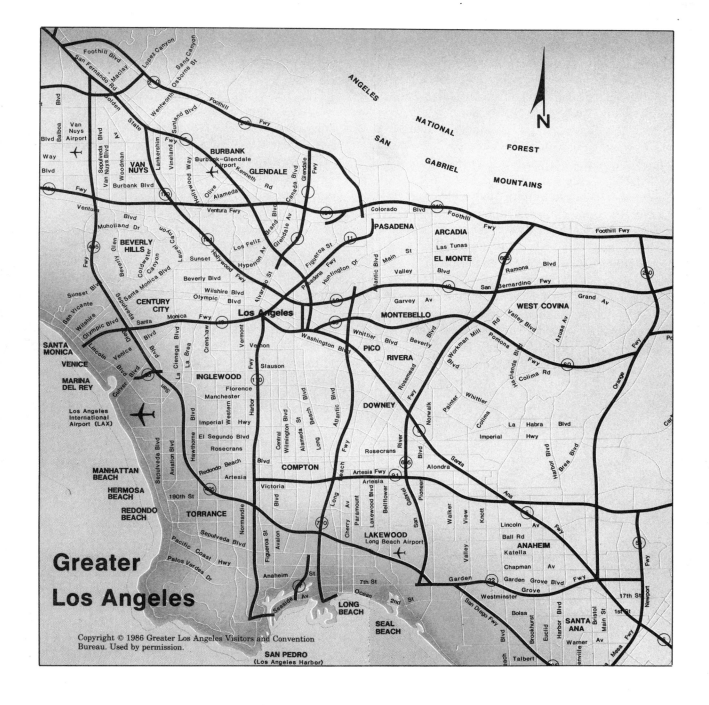

Greater
Los Angeles

¡Felicidades queridos amigos! Comprar este libro fue una idea fantástica porque le ayudará a aprender rápidamente uno de los idiomas más importantes del mundo. Por supuesto, las lenguas romances pueden ser más hermosas de escuchar, pero el inglés es sin lugar a dudas la lengua más útil y necesaria en el mundo de hoy.

Y uno de los primeros usos de esta nueva lengua será ayudarle a conocer este país maravilloso llamado los Estados Unidos. Dependiendo de la duración de su visita, hay muchos lugares que le recomendaríamos ver, pero para mantener nuestra lista posible y práctica, solamente incluiremos unos cuantos.

Por supuesto, ningún viaje a los Estados Unidos sería completo sin una visita a la ciudad de Nueva York. Con sus ocho millones de habitantes, la mayoría de los cuales son de familias de inmigrantes, una visita a Nueva York—o "The Big Apple" (la Manzana Grande) como se le llama—es realmente muy parecido a un viaje alrededor del mundo. Mientras esté en N.Y.C. (la Ciudad de Nueva York), asegúrese de ver la Estatua de la Libertad, el Edificio Empire State o el World Trade Center (el rascacielos más alto de N.Y.C.), Las Naciones Unidas, Wall Street (el centro financiero de los Estados Unidos) y cualquiera de los grandes puntos de interés cultural, como el Museo Metropolitano de Arte, el Lincoln Center o la Catedral de San Patricio, para nombrar unos pocos.

Como la mayoría de los estadounidenses enseguida le dirán, Nueva York no es la única ciudad importante de los Estados Unidos, y por eso usted podrá querer ver otras. Chicago es la metrópoli del Medio Oeste, y la casa de la famosa "Miracle Mile" en las orillas del lago Michigan, uno de los barrios más elegantes de los Estados Unidos.

También usted querrá viajar a Washington, Distrito Federal, para ver el centro del gobierno americano, con la Casa Blanca y el Capitolio.

Un viaje a Filadelfia le dará una buena idea de la primitiva historia de América, y una visita a la famosa Campana de la Libertad (Liberty Bell) hace que valga la pena el viaje.

Por supuesto, también están Orlando, Florida, con su Disneyworld (el mundo de W. Disney); St. Louis, la entrada al Oeste; Los Angeles, con su famosa atracción turística, Hollywood (el hogar de las películas); y hasta San Francisco, con su fabuloso puente Golden Gate.

Pero, a pesar del tiempo que usted permanezca o todo lo que usted vea, ¡bienvenido a los Estados Unidos! Esperamos que tenga muchos momentos felices visitando sus ciudades y usando su nueva lengua, el inglés.

Pronunciación

A diferencia del español, que se escribe como se pronuncia, en inglés hay muchas variaciones en la ortografía, las cuales muchas veces hacen difícil el hablar la lengua. Sin embargo, los sonidos básicos son semejantes a los del inglés, y como nosotros incluimos la pronunciación de las palabras difíciles según ellas aparecen, usted no tendrá problema en hacerse comprender.

Aquí siguen los sonidos básicos del inglés.

INGLES	EJEMPLOS	SIMBOLO
VOWELS		
a in **f**ather (padre)	**a** en c**a**sa	a
a in c**a**t (gato)	ninguno (**a** con boca en sonrisa)	a
a in h**a**te (odio)	**ei** en b**éi**sbol	ei
e in g**e**t (coger)	**e** en p**e**ro	e
e in f**ee**t (pies)	**i** en s**i**n	i
i in **i**ce (hielo)	**ay** en h**ay**	ai
i in **i**t (lo)	ninguno (**i** con boca estrecha)	i
i in m**a**ch**i**ne (máquina)	**i** en **i**da	i
o in t**o**e (dedo)	**o** en c**o**mo	o
o in **o**r (o)	**o** en **o**rden	o
oo in b**oo**t (botas)	**u** en C**u**ba	u
u in c**u**te (linda)	**yu** en **yu**nque	yu
u in c**u**t (cortar)	ninguno (**a** con boca estrecha)	u
CONSONANTS		
b in **b**arber (peluquero)	**b** en Ro**b**erto	b
c in **c**ar (coche), **c**old (frío), **c**ute	**c** en **c**asa **c**osa, **c**urioso	k
c in **c**ent (peseta), **c**ity (ciudad)	**c** en **c**entro, **c**igarro	s
ch in **ch**eck (cheque)	**ch** en mu**ch**os	ch
d in **d**entist (dentista)	**d** en **d**iente	d
f in **f**arm (granja)	**f** en **f**avor	f

3

INGLES	EJEMPLOS	SIMBOLO
g in **g**ame (partida), **g**o (ir), **g**um (goma)	**g** en **g**afas, **g**ordo, **g**usta	g
g in **g**erm (germen), **g**iant (gigante)	**ll** en **ll**amar (en Sud América)	ch
h in **h**ome (casa)	**j** en **j**ardín	j
h in **h**our (hora)	muda como hora	
j in **j**ar (jarra)	**ll** en **ll**amar	ch
k in **k**iss (beso)	**qu** en **qu**eso	k
l in **l**emon (limón)	**l** en **l**ástima	l
m in **m**usic (música)	**m** en **m**ujer	m
n in **n**ame (nombre)	**n** en **n**ombre	n
p in **p**ark (parque)	**p** en **p**atata	p
q in **q**uick (pronto)	**q** en **q**ui	k
r in **r**ose (rosa)	no hay equivalente en español para este sonido; pero se pronuncia elevando la lengua hacia la bóveda del paladar, como "r" en se*r*eno sin gorjeo.	r
s in **s**in (pecado)	**s** en **s**onido	s
s in hi**s** (su)	**z** en **z**apatos	z
sh in **sh**ower (ducha)	no hay equivalente en español	usamos ch para señalar este sonido
t in **t**omorrow (mañana)	**t** en **t**ocar	t
th in **th**is (este)	no hay equivalente en español para este sonido, pero se pronuncia con un ceceo, con la lengua entre los dientes (como una *z* en España)	usamos t' para señalar este sonido
v in **v**acation (vacaciones)	siempre como labio-dental	v
w in **w**ork (trabajo)	**u**+vowel como un *ue*	u+vowel
x in e**x**-wife (ex-esposa)	**x** en é**x**ito	x
x in **x**ylophone	**x** en **x**ilófono	z
y in **y**es (sí)	**y** en **y**a	y
z in **z**ebra (cebra)	**z** en **z**apatos (con sonido de una abeja)	z

4

SE CONOCE A LA GENTE

(GUE-ting) *(tu)* *(no)* *(PI-pel)*
Getting to Know People

1	*(lets)* *(kon-VERS)* **Let's Converse** Vamos a conversar

Como usted está aquí en los Estados Unidos, una de las primeras cosas que usted querrá hacer es conocer a algunas personas y tener una conversación agradable. Para esto, necesitará expresiones útiles para empezar la conversación. Usted encontrará algunas que puede usar en estas conversaciones fáciles. Subráyelas y así podrá recordarlas mejor.

(KE-ne-di)

Carlos López, su esposa María, su hija y su hijo acaban de llegar al aeropuerto Kennedy, cerca de Nueva York, y están buscando su equipaje, el eterno problema para todos los viajeros. Carlos se acerca a un empleado de la línea aérea:

	(ai) *(SUT-queis-es)*
CARLOS	**Good morning, sir. I am looking for my suitcases.** Buenos días señor busco mis maletas.
EMPLOYEE	*(O-kei)* *(uats)* *(yor)* *(neim)* **O.K. What's your name?** Bien ¿Cómo se llama usted?
CARLOS	*(mai)* **My name is Carlos López.** Me llamo Carlos López.
EMPLOYEE	*(uer)* *(du)* *(yu)* *(kam)* *(fram)* **Where do you come from?** ¿De dónde viene?
CARLOS	**I come from Puerto Rico.** Yo vengo de Puerto Rico.

(lait)
What is the number of your flight?
número de su vuelo?

Three hundred and three, from Ponce.
de Ponce

e imite los sonidos encima de las palabras. Cuando se sienta seguro, trate de llenar los con las palabras omitidas. Siempre puede comprobarlas, mirando otra vez la

CARLOS **G** _____ **M** _____, **sir. I am looking for my** _____.

EMPLOYEE **O.K. What is** _____?

CARLOS _____ **Carlos López.**

EMPLOYEE **Where** _____?

CARLOS **I** _____ **from** _____ .

EMPLOYEE **What is the** _____ **of your** _____?

CARLOS _____ **303,** _____ **Ponce.**

EMPLOYEE **One moment,** _____ .

Ahora vea si puede contestar estas preguntas:

¿Cuál es un saludo cortés en inglés? _____ .

Cuando viaja, ¿en qué pone la ropa? In _____ .

¿Cómo le pregunta a una persona su nombre? _____ .

Si alguien le pregunta a usted su nombre, ¿qué responde ud. ?

_____ .

¿En qué país vive? I live in _____ .

Los estadounidenses son muy agradables. Si (usted) quiere pedir un favor, ¿qué dice usted?

_____ .

Aquí está otra conversación corta para ayudarle a aprender las frases de cortesía que todo el mundo necesita saber.

Carlos se encuentra con una antigua profesora de bachillerato en el aeropuerto.

MRS. GARCIA **Carlos!** *(jau)* **How** *(ar)* **are you?**
¿Cómo está?

CARLOS **Mrs. García!** *(je-LO)* **Hello.** *(uel)* **Well,** *(t'enks)* **thanks, and you?**
¡Hola! Bien gracias ¿y usted?

	(VE-ri)	(t'enk)		(an) (vei-QUEI-chon)

MRS. GARCIA **Very well. Thank you. Are you on vacation?**
Muy bien gracias ¿ Está de vacaciones?

(uit') (mai)(FAM-mi-li) (uaif) (DO-ter) (ail) (in-tro-DUS)

CARLOS **Yes, with my family: my wife, my daughter and my son. I'll introduce you.**
Sí, con mi familia: mi esposa, hija e hijo. La presento.

(TI-cher)

María, Mrs. García, my teacher.
profesora

(plist) (mit)

MARIA **Pleased to meet you.**
Mucho gusto

(seim) (jir)

MRS. GARCIA **The same here.**
Igualmente.

l. ¿Qué palabra simple se usa para decir "Hola"? _____

2. ¿Cómo pregunta sobre la salud de alguien? _____

3. Si alguien le pregunta "¿cómo está?", ¿cómo contesta que se siente muy bien?

_____

4. Cuando le presentan a alguien, ¿qué debe usted decir?

_____

El empleado del aeropuerto regresa.

(ex-QUIUZ) (mi) (a-RAIV-ing) (tu-MA-ro)

EMPLOYEE **Excuse me, your suitcases are arriving tomorrow.**
Perdón , sus maletas llegan mañana.

CARLOS **Oh, no! Thank you.**
Ay, no. Gracias.

(UEL-com)

EMPLOYEE **You're welcome.**
De nada.

(gud-BAI)

CARLOS **Goodbye!**
¡Adiós!

(si)

EMPLOYEE **Goodbye, I'll see you tomorrow.**
Adiós, hasta mañana.

5. ¿Qué palabra podemos usar para pedir disculpas? _____

6. ¿Cuál es una frase útil para expresar sorpresa o disgusto? _____

7. ¿Cómo se dice "gracias" a alguien? _____

8. Si alguien le da las gracias ¿cómo contesta usted? _____

9. ¿Cómo se dice "adiós"? _____

10. Pero si usted regresa mãnana, ¿qué debe añadir? _____

   ¿Puede usted arreglar las palabras a continuación para que tengan sentido?

11. good, sir, morning _____

12. name, your, what's? _____

13. in Puerto Rico, I live _____

14. please, moment, one _____

15. you, are, how? _____

16. suitcases, my, I am, for, looking _____

(ri-MEM-ber)

Remember

Recuerde

Escriba las nuevas palabras y dígalas en voz alta:

(EIR-port)
the airport
el aeropuerto

_____

(em-PLOI-i)
the employee
el empleado

_____

(SUT-keis-ez)
the suitcases
las   maletas

_____

(yu-NAIT-ed) (steits)
the United   States
los Estados Unidos

_____

(fleit)
the flight
el   vuelo

_____

(JOS-band)
the husband
el esposo

_____

(uaif)
the wife
la esposa

_____

(son)
the son
el hijo

_____

(DO-ter)
the daughter
la hija

_____

the family
   la familia

_____

(spein)
Spain
España

_____

9

Singular y Plural

Los nombres generalmente forman el plural añadiendo **-S** o **-ES** al singular:

(flait) *(flaits)* *(DO-ter)* *(DO-terz)* *(church)* *(CHUR-ches)*

Ejemplos: **flight, flights** **daughter, daughters** **church, churches**

vuelo vuelos hija hijas iglesia iglesias

El plural de los nombres que terminan con **-Y** precedida de consonante se forma cambiando la **-Y** a **-I** y añadiendo **-ES**:

(SI-ti) (SI-tiz) *(KON-tri)* *(KON-triz)*

Ejemplos: **city, cities** **country, countries**

ciudad ciudades país países

El plural de los nombres que terminan con **-Y** precedida de vocal se forma añadiendo una **-S**:

(DON-qui) (DON-quiz) *(qui) (quiz)*

Ejemplos: **donkey, donkeys** **key, keys**

burro burros llave llaves

Escriba el singular y el plural de las palabras a continuación en los espacios en blanco juntos a los grabados:

(BOI)
boy
muchacho

_____

_____

(MO-t'er)
mother
madre

_____

_____

(FA-t'er)
father
padre

_____

_____

(jo-TEL)
hotel
hotel

_____

_____

(FLAU-er)
flower
flor

_____   _____

(jaus)
house
casa

_____   _____

(fut)
foot*
pie

  _____foot_____

  _____feet_____

---

* En inglés hay algunas palabras con plural irregular. Por ejemplo, pie = **foot,** pero pies = **feet.** Otras palabras comunes son: hombre = **man,** hombres = **men;** mujer = **woman,** mujeres = **women;** y niño = **child,** niños = **children.**

(ei) *(an)* "A" and "An"

"Un" y "una"

En inglés la palabra **a** significa *un* o *una*. Cuando esta palabra va delante de otra que comienza con vocal, es necesario cambiarla en **an** para evitar un sonido que es desagradable en inglés. Por lo tanto, el significado de **a** y de **an** es el mismo:

	(UO-man)	*(buk)*	*(AP-el)*
Ejemplos:	**a woman**	**a book**	**an apple**
	una mujer	un libro	una manzana

Escriba el artículo indefinido **A** o **An** con las siguientes palabras:

1. ____a____ flower

2. ____a____ husband

3. ____an____ orange
naranja

4. ____an____ egg
huevo

5. ____a____ flight

6. ____a____ book

7. ____a____ father

8. ____an____ employee

9. ____an____ arm
brazo

Ahora trate de contestar estas preguntas sencillas. Recuerde usar **a** o **an** correctamente. Siga nuestro ejemplo:

(ju)   *(iz)* *(it)*   *(uat)*
Who is it?   What is it?
Quién es   Qué es

1. It is a boy.

2. _It is a family_

3. _It is a flower_

4. _It is a house_

5. _It is an arm_

LET'S TALK ABOUT RELATIVES

(tok) *(a-BAUT)* *(REL-a-tivs)*

Vamos a hablar de los parientes

Aquí está la familia de Miguel. Llene los espacios en blanco para practicar las palabras que indican a los diferentes miembros de la familia.

(MEI-ri)
Mary
María

(GREND-mo-tér)
the grandmother
la abuela

(CHO-sef)
Joseph
José

(GREND-fa-tér)
the grandfather
el abuelo

(TA-mes)
Thomas
Tomás

(ON-quel)
the uncle
el tío

(te-RI-sa)
Theresa
Teresa

(ent)
the aunt
la tía

(pol)
Paul
Pablo

the father
el padre

(an)
Ann
Ana

the mother
la madre

the husband
el esposo

the wife
la esposa

the husband
el esposo

the wife
la esposa

(chon)
John
Juan

(COS-in)
the cousin
el primo

(MAR-t'a)
Martha
Marta

the cousin
la prima

(PI-ter)
Peter
Pedro

the son
el hijo

(SU-zen)
Susan
Susana

the daughter
la hija

(MAI-quel)
Michael
Miguel

(BRO-t'er)
the brother
el hermano

(SIS-ter)
the sister
la hermana

¿Cuál es la relación de la primera persona con la segunda en las parejas de la lista?

1. Joseph is Thomas's *father*

2. Theresa is Thomas's _____

3. Paul is Mary's _____

4. Susan is Peter's _____

RESPUESTAS

Fill in: **2.** wife **3.** son **4.** sister

13

5. Ann is Martha's _____

6. Theresa is Martha's _____

7. Paul is Peter's _____

8. Ann is Joseph's _____

¿Puede entender este pequeño cuento?

(a-RAIVS) *(uit')* *(jiz)* *(nu YORK)* *(luks)*

Carlos arrives with his family in New York on a flight from Madrid. He looks for his
llega   con su   a   en   de   busca

suitcases.

(klerk) *(sez)*

The clerk says, "Good morning, sir. Your suitcases are arriving tomorrow."
dice

(gud) *(grif)* *(wit'-AUT)*

"Good grief!" says Carlos, "In New York and without suitcases!"
Dios mío   y   sin

(livs) *(TU-rist)*

Carlos lives in Spain. His name is Carlos López. He is a tourist. The teacher, Mrs. García,
vive   turista

(PEI-chent) *(uil)* *(bi)* *(e-NO-t'er)* *(dei)*

arrives and says, "Carlos, how are you? Be patient. Tomorrow will be another day!"
paciencia   otro   día

Carlos arrives with his family

Haga un círculo en la frase correcta para completar la oración:

1. Carlos arrives in   **New York.** *(circled)* / Spain. / Madrid.

2. Carlos **looks** *(circled)* / lives / says for his suitcases.

3. Mrs. García arrives / **looks for** / **says** *(circled)* "Be patient."

4. Mrs. García is Carlos's **teacher** *(circled)* / daughter. / mother

¿Puede escribir estas palabras en plural?

1. son _____sons_____   4. boy _____boys_____

2. city _____cities_____   5. father _____fathers_____

3. donkey _____donkeys_____   6. flower _____floweres_____

Escriba **a** o **an** en los espacios en blanco:

1. _____an_____ employee   4. _____a_____ flight

2. _____a_____ house   5. _____an_____ orange

3. _____an_____ apple   6. _____a_____ book

Ahora estudie y repita en voz alta las diferentes partes de la casa de Miguel.

A House	
una casa	

(re-FRI-cher-ei-tor)
the refrigerator
la nevera

the toilet
el inodoro

(stov)
the stove
la estufa

(STEIR-uei)
the stairway
la escalera

(sink)
the sink
el lavabo

(BAT'-tub)
the bathtub
la bañera

(QUI-chen)
the kitchen
la cocina

(BAT'-rum)
the bathroom
el cuarto de baño

(SO-fa)
the sofa
el sofá

(KLA-set)
the closet
el armario

(BED)
the bed
la cama

(LI-ving) (rum)
the living room
la sala

(BED-rum)
the bedroom
el dormitorio
la alcoba

(cheir)
the chair
la silla

the garden
el jardín

(UIN-do)
the window
la ventana

(desk)
the desk
el escritorio

(dor)
the door
la puerta

(JOL-uei)
the hallway
el pasillo

LA LLEGADA

(e-RAI-vel)
Arrival

2	*(FAIND-ing)* *(jo-TEL)* ## On Finding a Hotel Al encontrar un hotel

Usted ha notado que en inglés no hay género masculino ni femenino: todos los nombres son neutros y el artículo definido **the** se usa delante de todos los nombres en inglés, ya sean masculinos o femeninos, singular o plural:

the flight	**the mother**	**the uncle**
the flights	**the mothers**	**the uncles**

Es muy fácil, ¿no?
Por ejemplo

la casa _____   el muchacho _____   la maleta _____

You
Tú y Usted

En inglés hay solamente una forma de decir tú o usted—**You**. A diferencia del español, no hay diferencia entre la forma familiar y la formal, o entre singular y plural. En inglés se dice **How are you?** a un niño, al Presidente de los Estados Unidos, a los estudiantes en una clase y a una capilla llena de monjas. **You** se usa en todos estos casos.

(som) *(IUS-fel)* *(uerdz)*
SOME USEFUL WORDS
algunas   útiles   palabras

(TA-ksi)
a taxi
un taxi

(pei)
to pay
pagar

(get) (aut) (af)
to get out of
bajar

_____   _____   _____

Usted probablemente llega al hotel desde su casa, al menos para la primera noche, pero si usted tiene reservación o no, usted querrá saber algunas palabras básicas que describen los servicios que espera encontrar en el hotel. Aprenda los términos que están debajo de los grabados y fíjese cómo se usan en el diálogo.

ARRIVAL
La llegada

(guest)
The guest arrives at the hotel in a taxi.
huésped llega al

(peiz)
He pays and gets out of the taxi. He enters the hotel,
paga   baja del   entra

(spiks)
and speaks with the clerk at the desk.
habla con   en la recepción

to speak, to talk
hablar

Escriba las nuevas palabras en los espacios a continuación:

(EN-ter)
to enter
entrar

_____

to arrive
llegar

_____

the desk
la recepción

_____

THE CLERK **Good morning, sir. Do you want a room?**
(du) *(uant)*
Desea   cuarto

THE GUEST **Yes, please, a single room with bath.**
(SIN-gal)
sencillo   con baño

(DO-bel)
(o bien) A room with a double bed

the double bed
la cama matrimonial

_____

THE CLERK **For how many nights?**
(ME-ni) (naits)
Para cuántas   noches

THE GUEST **For one. I am spending only one day in the city.**
(SPEN-ding)   *(dei)*
Para una.   Paso   sólo un día en la ciudad.

THE CLERK **How long will you be in New York?**
(uil)
Cúanto tiempo   pasa en Nueva York

THE GUEST **Only one week. Because of business.**
(O-nli) (uan) (uik) *(bi-KAUZ)* *(BIZ-nes)*
Solo una semana. Por   negocios.

THE CLERK **Oh, that's too bad. Well, if I can help you, please ask.**
(t'ets) *(tu)* *(uel)* *(ken) (jelp)*   *(esk)*
Ay qué   lástima Pues si puedo ayudarle,   dígame.

the room
la recámara o
la habitación

_____

17

Trate de leer la conversación desde "**The Arrival**" en voz alta varias veces hasta que le sea fácil hacerlo. Entonces léala de nuevo y vea cuántas palabras puede encontrar que expresen acciones o deseos. Subráyelas o hágales un círculo, por favor.

Estudie la siguiente conjugación verbal en el tiempo presente:

HABLAR	
(yo) hablo	(nosotros) hablamos
(tú) hablas	(vosotros) habláis
él	ellos
ella } habla	ellos } hablan
Ud.	Uds.

TO SPEAK	
I speak	**we speak**
you speak	**you speak**
he	
she } **speaks**	**they speak**
it	

En inglés, los verbos son muy fáciles en el tiempo presente. Es necesario solamente añadir **-s** por **he, she,** o **it.** Muy fácil, ¿no?

¿Recuerda los verbos que estudiamos anteriormente? ¿Puede llenar los espacios en blanco a continuación?

to want — 1. I _want_ to learn English. *(lern)*
desear

to buy — 2. You _buy_ a new watch. *(uach)*
comprar

to pay — 3. He _arrive_ for the hotel. *(pays)*
pagar

to stay 4. She _stays_ in New York.
quedarse

to arrive — 5. We _arrive_ at the airport. *(ER-port)*
llegar

to speak 6. They _speak_ English very well.
hablar

La primera noche en una ciudad puede ser inquietante; por eso aquí están algunas frases prácticas que le ayudarán en el hotel. Practique escribiéndolas y leyéndolas en voz alta:

A single room, please.

_____

(tu)
A room for two, please.
       dos

_____

I want a room with a bath.

_____

A room with a single bed, please.

_____

How much is it?
¿Cuánto   es?

_____

    (pei)
Do I pay now?
¿Pago   ahora?

_____

    (IN-said)   (AUT-said)
I want an inside room   outside
    interior   exterior

_____

If You Want to Ask for Something

Si quiere pedir algo

Usted hará preguntas cada día de su viaje—a empleados del hotel, camareros y choferes de taxi. Cuando hacemos preguntas que pueden ser contestadas con "sí" o "no," usualmente levantamos la voz gradual y progresivamente desde el comienzo de la pregunta hasta el final. ¿Puede usted hacerlo con las siguientes preguntas?

Are there any inside rooms?

Do you want to buy a watch?
Desea

Is there a single bed in the room?

Do you want a double bed?

Escriba las nuevas palabras y dígalas en voz alta.

(BEL-boi)	*(LAB-i)*	*(qui)*
the bellboy	**the lobby**	**the key**
el botones	el vestíbulo	la llave

_____   _____   _____

(QUE-ri)
to carry
llevar

(el-e-VEI-ter)
the elevator
el ascensor

_____   _____

(MI-rer)
the mirror
el espejo

(UIN-do)
the window
la ventana

(sink)
the sink
el lavabo

(TAU-el)
the towel
la toalla

(DRES-er)
the dresser
el tocador

(CHAU-er)
the shower
la ducha

(BYU-ro)
the bureau
la cómoda

the bathtub
la   bañera

(PI-lo)
the pillow
la   almohada

the bathroom
el   cuarto de baño

the bed
la cama

(SO-fa)
the sofa
el sofá

the door
la puerta

(TOY-let)
the toilet
el inodoro

There is, there are = Hay
Is there, are there? = ¿Hay?

Ejemplos: **Are there inside rooms?**   **Is there an inside room?**
        Yes, there are inside and outside rooms.   **Yes, there is an inside room.**

En inglés usamos **There is...** o **Is there...?** por Hay o ¿Hay? cuando hablamos de una cosa. Pero cuando hablamos de muchas cosas, usamos **There are...** o **Are there...?**

¿Puede usted preguntar acerca del cuarto del hotel? Empiece con **Is there**? para una cosa o **Are there**? para dos o más cosas. Siga usted la forma de la pregunta modelo:

1. **(bed)** **Is there a bed in the room?**

2. **(dresser)**

   _____?

3. **(closets)**

   _____?

4. **(sofa)**

   _____?

5. **(windows)**

   _____?

(jau)   *(moch)*   *(ME-ni)*

How Much? How Many?

¿Cuánto? ¿Cuánta?   ¿Cuántas? ¿Cuántos?

Para *cuánto* o *cuántos,* usamos **How Much** cuando hablamos de una cosa (singular), y **How Many** cuando hablamos de cosas plurales.

Por ejemplo: *(sup)*
              How much soup do you want?
                sopa

                  (naits)
          For how many nights do you want the room?
                   noches

Pero cuando hablamos de dinero, usamos siempre **How much?**

Por ejemplo: *(doz)*   *(kost)*
              How much does the room cost?
                     costar

o simplemente **How much is the room?**

Si usted quiere ducharse lo mejor es que esté seguro de preguntar lo siguiente cuando se registre en el hotel.

    (ken)   *(cho)*
Can you show me how to use the shower?
      enseñar   como   usar

Practíquela, o usted puede tener una terrible impresión cuando se duche.

Vamos a ver si usted recuerda algunas de las cosas que hemos hecho hasta ahora. Hágase la pregunta de la izquierda, mire el grabado y escriba la contestación a la derecha:

What is it? **It is a sink.**

1. It is a mirror

3. It is a window

2. It is a bathroom

5. It is a bathtub

4. It is a door

7. It is an elevator

6. It is a key

1. _____

Who is it? **It is a guest.**

2. _____

Trace una línea de la pregunta de la columna 1 a la contestación apropiada en la columna 2:

1. **What is it?**   A. **Robert**

2. **How many nights are you staying?**   B. **My family is with me**.

3. **Where do you live?**   C. **I live in New York**.

4. **How many dressers are there?**   D. **There is one**.

5. **When are the suitcases arriving?**   E. **It is a shower**.

6. **Who carries the suitcases?**   F. **Tomorrow**.

7. **What is his name?**   G. **The bellboy**.

8. **Why do you want a large room?**   H. **One**.

¿Puede leer esta historia en voz alta y entender lo que quiere decir?

When the taxi arrives at the

hotel, the guest pays and gets out.
       (t'ru)
He enters the hotel through the
       por   la

door. At the check-in desk he

speaks with the clerk.

He says that he wants an inside room with a single bed. The clerk gives him the
       da   le

     (teiks)
key and the guest takes the elevator. When he arrives at his floor, he enters his
    toma

      (ARM-cher)
room. In the room there is a bed, a dresser and an armchair. In the bathroom
       sillón

       (jot) (UA-ter)
there is a toilet, a bathtub, a mirror and a shower. But there is no hot water.
     Pero   caliente agua

Conteste: *(tru)* **TRUE**   or   *(fols)* **FALSE**
cierto   o   falso

1. The guest arrives home. _____ False _____

2. He speaks to the clerk. _____ true _____

3. The guest wants an outside room. _____ false _____

4. The guest takes the elevator to his floor. _____ true _____

5. There is hot water in the room. _____ False _____

¿Puede usted expresar las siguientes frases en inglés?

1. Pasa una noche en el cuarto.   He spends a night in the room

2. Toma el ascensor.   he takes the Elevator

3. Baja del taxi.   he gets out the taxi

4. Lleva las maletas.   the bellboy carries the suitcases

5. Habla con el botones.   he speaks with the bellboy

SEEING THE SIGHTS
Vamos a visitar los puntos de interés

| 3 | *(FAIN-ding)* *(yor)* *(uei)* *(fut)*
 Finding Your Way on Foot
 Por la ciudad a pie |

"¿Cómo llego a . . . ?" "¿Dónde está la estación de tren más cercana?" "¿Está el museo derecho hacia adelante?" Usted preguntará direcciones y recibirá contestaciones dondequiera que usted viaje. Conozca las palabras y las frases que le ayudarán a llegar a los lugares más fácilmente.

Escriba las nuevas palabras y dígalas en voz alta varias veces:

(strit)
ON THE STREET
En la calle

straight
derecho

_____

María y Juan, dos turistas españoles, acaban de salir de su hotel para su primer paseo por la ciudad. Aunque ellos tienen un plano de la ciudad **(map of the city),** ellos deciden preguntarle direcciones al policía de la esquina.

city block
la manzana

_____

to the left
a la izquierda

_____

JUAN *(al policía)*

Excuse me, where is *(juer)*
dónde

(miu-ZI-em) *(art)*
the Museum of Art?
Museo de Arte

(OF-is)
post office
el correo

_____

to the right
a la derecha

_____

POLICIA
(streit)
Go straight ahead

(IN-ter-sec-chon)
intersection
la bocacalle

_____

(e-LONG) *(strit)* *(TRA-fek)* *(lait)*
along this street up to the traffic light.
hasta   semáforo

(ken-TI-nyu)
Then, turn left and continue to the post
doble   siga

office. At the corner by the post office,
correo

(tu) *(mor)* *(blaks)*
turn left and continue two more blocks.
dos

(e-GUEN) *(for)*
Turn left again and continue four more
otra vez   cuatro

blocks. Then turn left again and continue

(iz) *(yor)*
one more block. The museum is on your
está   su

left.

María y Juan caminan siguiendo las direcciones con cuidado. Después de media hora María exclama:

(t' is)
"But, Juan, this is the hotel!"
éste

corner
la esquina

(FAR-ma-si)
pharmacy
la farmacia

traffic light
el semáforo

WHERE ARE THE PEOPLE AND THINGS?

Llene los espacios con las nuevas palabras y dígalas en voz alta:

(kat)
the cat
el   gato

(TEI-bel)
the table
la   mesa

on
en

(nir)
near
cerca de

far from
lejos de

27

in front of
delante de

(bi-JAIND)
behind
detrás de

(nekst)
next to
junto a

_____   _____   _____

Para decir dónde están las personas o las cosas, usamos las expresiones de los grabados anteriores y empezamos con **is** o **are**. Por eso, para describir las relaciones de lugar entre el gato y la mesa en los grabados, diríamos:

The cat is on the table.

The cat is near the table.

The cat is far from the table.

Llene los espacios debajo y diga las nuevas palabras en voz alta.

(jaus)
the house

_____

the boy

_____

¿Puede decir en inglés dónde está el muchacho en los grabados siguientes? Escriba las contestaciones en los espacios.

1. _____   2. _____   3. _____

4. _____   5. _____   6. _____

Ahora trate de decir oraciones completas para describir los mismos grabados. Siga los mismos modelos que usamos para describir la posición del gato.

En inglés, algunas palabras son o nombres o verbos.

Por ejemplo, **walk** = caminar o andar, y también **walk** = paseo o caminata

drink = beber, y también **drink** = bebida

"Ando" en inglés se dice   **I walk.**
I take a walk.
I go for a walk.
"Bebo" en inglés se dice   **I drink.**
I have a drink.

Aquí están algunos cuadros. Llene los espacios en blanco con las formas correctas de los verbos.

(uok) (e-LONG)   (strit)
go for a walk along the street
andar   por   calle

(Luk)   (PIK-cher)
look at the picture
mirar   el   cuadro

1. (They) _____

2. (We) _____

(drink)   (milk)
drink the milk
beber   leche

walk
caminar

3. (They) _____

4. (She) _____

(smok) *(si-ga-RETS)*
smoke cigarettes
fumar   cigarrillos

(nak)
knock on the door
llamar a la puerta

5. (They)_____

6. (He)_____

Al describir a las dos mujeres en el primer cuadro, puede decir

> **They go for a walk.**
> **They take a walk.**

o simplemente   **They walk.**

Al describir a los dos niños en el tercer cuadro, puede decir

> **They drink the milk.**
> **They have a drink of milk.**

En inglés, a menudo decimos **have** cuando en español usamos el verbo "tomar."

Mire de nuevo el segundo cuadro. En español, decimos "Miramos el cuadro." Pero en inglés, decimos **We look *at* the picture.** Es necesario siempre usar **at** con el verbo **to look** cuando miramos alguna cosa. Y en español, andamos *por* la calle, pero en inglés, **We walk *along* the street.**

¿Puede traducir estas frases?

1. Los niños caminan por la calle.

_____

2. María mira las maletas.

_____

3. Yo ando por la calle.

_____

Subject Pronouns
(SOB-chekt) *(PRO-nauns)*
Pronombres sujetos (personales)

(ai)
1. **I**

(ji)
2. **John =** *he*

(chi)
3. **Mary =** *she*

(ju) *(yu)*
4. **Who are you?**

5. **Joseph. Joseph and I =** *we*. *(ui)*

6. **Ann. Ann and I =** *we*.

7. **Frank and Peter =** *they*. *(t'ei)*

8. **Rose and Susan =** *they*.

9. **Rose and you =** *you*.

En inglés, usamos **they** y **we** para hombres o para mujeres, y usamos **you** para todos. Cuando hablamos de una cosa, usamos **it.** A menudo los pronombres (yo, tú, ella, él, nosotros, ellos, etc.) no se usan en español. *Sin embargo en inglés es necesario porque la forma verbal tiene la misma terminación, exceptuando la tercera persona singular.*

How to Point Out Things in English
(point) *(t'ingz)*
Cómo indicar las cosas en inglés

Palabras como **This** y **That** son importantes de saber. Las formas en inglés para estas palabras varían según señalen una cosa o más de una.

ESTE y	ESTOS = **THIS and THESE**
este libro **this** book	*estos* libros **these** books
esta casa **this** house	*estas* casas **these** houses

ESE	y	ESOS = THAT and THOSE
ese libro **that** book *esa* casa **that** house		*esos* libros **those** books *esas* casas **those** houses

Escriba la forma correcta delante de cada palabra. Usted siempre necesitará recordar que las palabras que va a usar deben tener la misma forma—singular o plural—de las palabras que las acompañan.

Primero practique con las formas de **this** y **these**:

1. _____ cat   3. _____ house   5. _____ hotel   7. _____ lady *(LEI-di)*
                                                                                                señora

2. _____ keys   4. _____ boy   6. _____ drink   8. _____ mirrors *(MI-rors)*
                                                                                                espejos

¡Fantástico! Ahora vamos a practicar con las formas de **that** y **those**:

1. _____ sister   3. _____ coffee   5. _____ uncle   7. _____ beds

2. _____ rooms   4. _____ grandfather 6. _____ cousins   8. _____ daughter

Escriba la forma correcta de los pronombres sujetos en estas frases.

1. _____ is in the house. (the boy)
2. _____ is in the house. (the cat)
3. _____ are in the house. (the mother and the daughter)
4. _____ are in the house. (the father and the son)
5. _____ are in the house. (you and I)
6. _____ is in the house. (Ann)

Useful Words

(IUS-fel) *(uerdz)*

Palabras útiles

(MU-vi) *(T'I-e-ter)*
movie theater
el cine

market
el mercado

bank
el banco

church
la iglesia

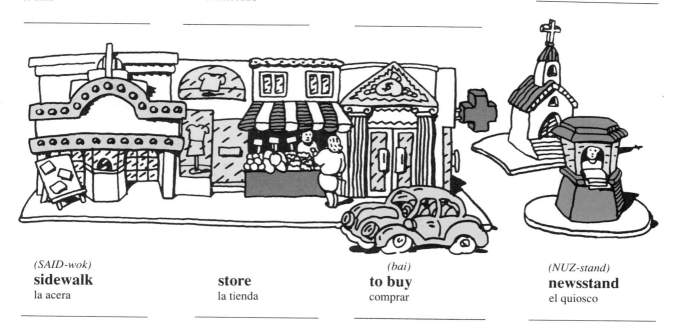

(SAID-wok)
sidewalk
la acera

store
la tienda

(bai)
to buy
comprar

(NUZ-stand)
newsstand
el quiosco

¿Aprendió la nuevas palabras de los grabados que están al principio de la página? Si es así, usted puede fácilmente comprender este pequeño cuento.

The Gonzalez family is walking on the sidewalk. The father wants to buy a
(NUZ-pei-per)
newspaper at this newsstand and the mother wants to look at those stores. The
(CHIL-dren)
children of this family are walking next to their mother. On the street
junto
there are a movie theater and a bank. The daughter, Teresa, and the son, Mark,
(frut)
buy fruit at this market. The father is smoking a cigarette, but the mother and the children don't smoke. The family's house is not near. It is far away, in the
(CON-tri-said)
countryside, near a church.

Vamos a practicar algunas preguntas más ¿Cierto o Falso? ¿Recuerda? *True/False*

1. **The family is walking through the countryside.**_____

2. **The father buys a newspaper at the newsstand.**_____

3. **The mother looks at a picture.**_____

Public Transportation

(POB-lek)   *(tranz-por-TEI-chen)*

4   **Public Transportation**

Transporte Público

(teik)   *(REI-di-o)*

MARIA   **Let's take a taxi to Radio City.**

Vamos a tomar   un taxi al   teatro Radio City.

JUAN   **No, it costs a lot.**

No,   cuesta   mucho.

(SAB-uei)

MARIA   **Then, let's take the subway.**

Entonces   el metro

(un-COM-for-ta-bel)

JUAN   **No, it is uncomfortable.**

No,   es   incómodo

MARIA   **Then, let's take the bus.**

Entonces   el   autobús

JUAN **O.K., let's go!**
Bien   vamos.

Suben al autobús

(raid)

JUAN   **Excuse me. How much does it cost to ride the bus?**
Cuánto   cuesta

(DA-ler) (fif-TIN)

EL CONDUCTOR   **A dollar fifteen.**
The Driver   Un peso y quince pesetas.

JUAN   **We are getting off at Radio City.**
Bajamos

(no)

DRIVER   **O.K.   I'll let you know when we get there.**
Muy bien les diré   cuando lleguemos allí.

(nais)

JUAN   **How nice these New Yorkers are!**
¡Qué cortés   la gente de Nueva York!

Para decir "vamos a . ." en inglés, usamos la expresión **Let's** con el infinitivo: por ejemplo, "vamos a tomar"—**let's take**; "vamos a comer"—**let's eat**.

Llene los espacios en blanco con las palabras que faltan, después de leer la conversación.

Let's_____a taxi to Radio City.

No,_____a lot.

Then, let's take_____.

No, it is_____.

O.K., let's go

Excuse me_____does it cost?

_____at Radio City on Sixth Avenue.

_____when we get there.

How nice_____!

35

Useful Words
Palabras útiles

(it)
to eat
comer

(drink)
to drink
beber

(ran)
to run
correr

_____

_____

_____

(CHOK-let)
chocolate bar
la barra de chocolate

(SO-da)
soda, soft drink
la gaseosa

(kech)
to catch
coger

_____

_____

_____

Usted habrá notado que aunque los tres verbos anteriores son de la segunda conjugación en español, en la conjugación de los verbos en inglés no hay diferencia—todos pertenecen a la misma conjugación. De hecho cuando usted aprende que la tercera persona singular añade una **s** a la raíz (forma verbal) y que todas las otras formas solamente usan la raíz (con un pronombre personal), usted ha aprendido todo lo que tiene que aprender sobre los verbos regulares en el tiempo presente.

Tendremos más que decir sobre los verbos irregulares en las próximas lecciones.

I eat   **I drink**   **I run**
He _____   **She** _____   **They** _____

Question Words
Preguntas

Como turista, usted probablemente hará muchas preguntas sobre adónde ir, cómo llegar allí, cuánto cuesta, etc. Practique estas preguntas y dígalas en voz alta:

(ju)
Who? =   ¿quién?

(jou)
How? =   ¿cómo?

(juat)
What? =   ¿qué?

(moch)
How much? =   ¿cuánto?

(juen)
When? = ¿cuándo?
(juai)
Why? = ¿por qué?
(juer)
Where? = ¿dónde?

Trate de usar estas palabras en las frases siguientes:

1. _____ does the train leave?

2. _____ can't we go to San Francisco?

3. _____ is that man?

4. _____ is in this box?
   caja

5. _____ does this cost?

6. _____ are you, Jane?

7. _____ is the hotel?

TALKING TO THE CONDUCTOR
Hablando con el conductor

(TO-quen)
to buy a token
comprar una ficha

line (para subir al autobús)
la cola

bus stop
la parada

Nota: Según el país y aun la ciudad donde usted está, se pueden usar fichas o billetes en los transportes públicos. Una de las primeras cosas que usted debe hacer cuando llegue a una nueva ciudad es comprar un plano de la ciudad (**a map of the city**) para poder encontrar los lugares que usted necesite pero, ¿adónde va para conseguir uno? Pues, al **bookstore** o al **newsstand**, donde tendrá que pagarlo. Si usted es arriesgado y osado, usted querrá probar el **subway.** A la entrada (**entrance**) encontrará un plano grande de la ciudad que le enseñará las rutas del metro y los nombres de las estaciones. Si usted no quiere quedarse atascado en el **subway** de por vida, mejor es que aprenda esta importante palabra: EXIT (**salida**). Pero aquí están algunas frases prácticas que es probable que necesite usar mientras viaje por la nueva ciudad en autobús.

(TI-quet)
ticket
el billete

(TO-quen)
token
la ficha

Practique, escribiéndolas y repitiéndolas en voz alta.

Where is the bus stop?
parada del autobús

_____

(raid)
How much does a ride cost?
pasaje

_____

(nid)
Do I need a token?
Necesito

_____

Where do I buy a token?

_____

(long)
The line is very long.
larga

_____

(jev)   *(weit)*
Do you have to wait long?
Es necesario   esperar mucho

_____

(juen)   *(nekst)*
When is the next bus coming?
Cuándo   próximo

(shud)   *(guet)*   *(nau)*
Should I get out now?
Debo   ahora

Identifying Yourself and Others

Identificarse a sí mismo y a los demás

Usted seguramente quiere que la gente sepa quién o qué es usted, ¿verdad? Para identificarnos, identificar a los demás y las cosas, nosotros usamos el verbo ser (**to be**). El diagrama debajo enseña las distintas formas del verbo que queremos aprender. Verá que estas palabras no siguen la forma usual de los verbos que hemos aprendido. Son muy diferentes. Son palabras tan importantes y básicas que usted querrá practicarlas, escribiéndolas en los espacios en blanco. Recuerde decirlas en voz alta hasta que esté familiarizado con ellas, y después escríbalas en los espacios en blanco.

TO BE	
I am	**We are**
You are	**You are**
He	
She is	**They are**
It	

I_____	We_____
You_____	You_____
He_____	
She_____	They_____
It _____	

¿Puede usted identificarse usando **I am** más el adjetivo descriptivo de la derecha? En español generalmente no usamos "un" o "una" en estos casos. *Pero en inglés es necesario.* Por ejemplo:

I am a tourist.

I am   +   **a tourist**
turista

a guest

(FA-ren-er)
a foreigner
extranjero

I am   +   *(man)*
a man,
hombre

(UO-men)
a woman
mujer

(AR-tist)
an artist
artista

Imagínese que usted y un amigo están en Nueva York. Trate de identificarse (Nosotros somos...) usando las mismas palabras de la lista anterior. Recuerde que empezamos con **we are** y que las identificaciones serán en plural, pero en inglés la terminación de las identificaciones será la misma para masculino y femenino: por ejemplo, **We are tourists.** Ahora practique lo mismo mientras habla con otras dos personas—Marcos y María, por ejemplo.

Vea si puede usar la forma correcta del verbo **to be**:

1. **I**_____a tourist.

2. **The women**_____**Americans.**

3. **We**_____**foreigners.**

4. **He**_____**American.**

5. **They**_____**tourists.**

6. **Mary, you** (negativo)_____**Spanish.**

TO GO	
I go	**We go**
You go	**You go**
He	
She } **goes**	**They go**
It	

I _____	We _____
You _____	You _____
He _____	
She _____	They _____
It _____	

Ahora, vea si puede completar las siguientes oraciones con la forma correcta del verbo **to go**:

1. **We**_____**to the museum.**
2. **She**_____**to the market.**
3. **You**_____**to the bank.**
4. **I**_____**to the hotel.**
5. **They**_____**home.** (aquí no se usa "to")

RESPUESTAS

To be 1. am **2.** are **3.** are **4.** is **5.** are **6.** are not **To go 1.** go **2.** goes **3.** go **4.** go **5.** go

40

GOING, GOING...

Cuando hablamos en inglés en una conversación, el verbo **to go** (ir) es usualmente usado en el tiempo presente progresivo (acción pasando en el momento) cuando uno está actualmente viajando o yendo a alguna parte. En estos casos, el verbo aparecerá como:

the bank   the church

the hotel   the house

the movie theater   the museum   the market

PROGRESSIVE TENSE

I am going   I_____

You are going   You_____

He is going   He_____

She is going   She_____

It is going   It_____

We are going   We_____

You are going   You_____

They are going   They_____

Así, voy = I go or I am going.

y vamos = _____ o _____   van = _____ o _____

Ahora, un cuento muy interesante.

                                                                         (spein)

Juan and María are in New York. They are tourists—they are from Spain. They
                                                             de España

(LI-tel)
speak little English. They go to the bus stop and they wait on line. When the bus
  poco   a   en la cola

                (guet) (an)   *(of)*
arrives, they get on. They get off at the bus stop in front of the museum. They go
      suben   bajan   delante   del

in and they look at the paintings. Afterwards they go to the subway entrance.
        miran   cuadros   Después   entrada

They look at the map of the city and they buy two tokens and go to a supermarket
                                                           supermercado

near their hotel. There they buy fruit and milk.
                              leche

Haga un círculo en las palabras correctas para completar la oración.

1. Juan and María are / is / am from Spain

2. They speak little / good / no English.

3. They goes / go / is going to the bus stop.

To take the bus
Tomar el autobús

4. They wait in the bedroom. / on line. / in the bank.

5. They get out behind / far from / in front of the museum

6. They go to the entrance of the subway the back / the exit

7. They buy two tokens. / tickets. / paintings.

8. They go to the movies. / restaurant. / supermarket.

Revise su conocimiento del transporte público con estas preguntas.

1. ¿Qué dos clases de cosas necesita usted comprar algunas veces para usar transporte público?

a _____   a _____

2. La entrada del metro en inglés se llama _____

3. Para salir del subway es mejor mirar el letrero que dice _____

4. ¿Dónde puede coger el autobús? At the _____

¿Sabe usted qué forma de **TO BE** or **TO GO** debe usar en estas oraciones?

1. Ann and I _____ tourists.

2. She _____ American.

3. I _____ to the market.

4. We _____ women.

5. We _____ to the movies.

6. I _____ a foreigner.

7. You _____ men.

Imagínese que se está preparando para ver la gran ciudad. ¿Puede usted expresar las siguientes ideas en inglés?

1. ¿Dónde está la parada del autobús?
2. ¿Cuándo llega el próximo autobús?
3. ¿Dónde está la salida (entrada)?
4. ¿Es necesario comprar una ficha?
5. ¿Cuánto cuesta?
6. ¿Debo bajar ahora?

¿QUÉ HORA ES?
What time is it?

Ahora estamos listos para empezar a decir la hora.

(TO-ki-o) **Tokyo**	(EN-ker-ech) **Anchorage**	(Nu YORK) **New York**	(PA-ris) **Paris**	(MOS-kau) **Moscow**

(nain) (o-KLOK) **nine o'clock**	(t'ri) **three o'clock**	(eit) **eight o'clock**	(uan) **one o'clock**	(t'ri) **three o'clock**

Pero antes de poder decir la hora, necesitamos aprender a contar en inglés:

How to Count in English
(caunt)
Cómo contar en inglés

Una de las prácticas más necesarias para communicarse en cualquier lengua es la de contar y usar el sistema numérico con habilidad. En inglés, no tiene problema.

Aquí están los números del uno al veinte. Léalos en voz alta para familiarizarse con ellos. Después haga la prueba de escribirlos.

1. **one** (uan)_____

2. **two** (tu) _____

3. **three** (t'ri) _____

4. **four** (faur) _____

5. **five** (faiv) _____

6. **six** (siks) _____

7. **seven** (SE-ven) _____

8. **eight** (eit) _____

9. **nine** (nain) _____

10. **ten** (ten) _____

11. **eleven** (i-LE-ven) _____

12. **twelve** (tuelv) _____

13. **thirteen** (TER-tin) _____

14. **fourteen** (FOR-tin) _____

15. **fifteen** *(FIF-tin)*_____ 18. **eighteen** *(EI-tin)*_____

16. **sixteen** *(SIKS-tin)*_____ 19. **nineteen** *(NAIN-tin)*_____

17. **seventeen** *(SE-ven-tin)*_____ 20. **twenty** *(TUEN-ti)*_____

Lea los números otra vez varias veces hasta poder decirlos con facilidad. Después vea si puede contar del 1 al 5 sin mirar el libro. ¡Mire si los sabe o no los sabe! Ahora haga lo mismo del 5 at 10. ¡Ahora viene el problema! ¿Puede hacerlo del 1 al 10? Haga lo mismo del 10 al 15, después del 15 al 20 y del 10 al 20. ¡Estupendo! ¡Bravo! ¿Pero puede contar todo el grupo del 1 al 20? Trate de contar de cinco en cinco hasta veinte. ¿Puede hacerlo solamente con los números pares hasta el veinte? ¿Y qué tal con los impares?

More Numbers
Y aquí más números

Aunque hay muchos más números que aprender, usted ya ha visto la parte más difícil, porque el resto de los números sigue el modelo, como en español después del 20 simplemente añadimos del 1 al 9:

twenty-one	**twenty-four**	**twenty-seven**
twenty-two	**twenty-five**	**twenty-eight**
twenty-three	**twenty-six**	**twenty-nine**

(T'IR-ti)
Los próximos diez números empiezan con un nuevo número: ***thirty*** (30). Continúe, simplemente

(FOR-ti)
añadiendo del 1 al 9: 31, 32, 33, 34, 35, 36, 37, 38, 39. Los próximos diez empiezan con ***forty*** (40);

(FIF-ti)
añada del 1 al 9 otra vez: 41, 42, 43, 44, 45, 46, 47, 48, 49, y después viene ***fifty*** (50). Ahora usted

(SIX-ti)
sabe que será: 51, 52, 53, 54, 55, 56, 57, 58, 59, y después ***sixty*** (60).

Llene los espacios en blanco debajo de los dibujos y diga las frases en voz alta.

It is ten after six.

_____

It is twenty after seven

_____

It is twenty-one to nine

_____

It is one fifteen	**It is two thirty**	**It is three forty-five**
_____	_____	_____
It is quarter past one	**It is half past two**	**It is quarter to four**
_____	_____	_____

Ahora estamos listos para aprender cómo decir la hora.

¡Decir la hora en inglés es muy fácil! Cada vez que es la hora exacta, se dice **It's ____ o'clock**, completando con **one, two, three, four, five, six, seven, eight, nine, ten, eleven** o **twelve** antes de *o'clock*. Cuando tenemos minutos después de la hora, solamente decimos **It's ____ after ____**, colocando el número de minutos después de cualquier hora. Por ejemplo, 1:10 = **It's ten (minutes) after one**, o 4:20 = **It's twenty after four**, y así sucesivamente. Cuando es antes de la hora, es un poco más difícil: Diga **It's ____ to ____**, colocando el número de minutos que faltan para la próxima hora. Por ejemplo, **It's twenty *to* one**, **It's five *to* three**.

It is twelve o'clock a.m.

_____
(nun)
It is noon.
_____

It is twelve o'clock p.m.

_____
(MID-nait)
It is midnight.
_____

Los norteamericanos son famosos por usar algunas expresiones muy familiares o informales para decir la hora. Cuando es una hora en particular, no es raro oírles decir que **It's one o'clock *on the* *(noz)* *(charp)* *(dat)* nose** (en la nariz) o **one o'clock sharp** o aun **one o'clock on the dot** (en punto). En cada caso el significado es "exactamente la hora."

(MOR-ning)

Para decir a.m., añadimos lo siguiente a la hora: **in the morning**. Para la tarde (p.m.) decimos:
(ef-ter-NUN)   *(nait)*
in the afternoon. Para indicar las últimas horas de la tarde o la noche, añadimos **at night**.

Ejemplos: **It is seven o'clock in the morning.**
             It is five o'clock in the afternoon.
             It is eleven o'clock at night.

(UA-ches)
Watches
los relojes

Puede ocurrir un problema al tratar de decir la hora por medio de un reloj digital (1:47) o un reloj con esfera numérica. Con un reloj digital, los números van siempre después de la hora hasta los 59 minutos: 3:59, etc. Usando un reloj de esfera numérica, los norteamericanos darán la hora *to* o *after*. Por ejemplo, un norteamericano que lee un reloj digital dirá, **It's 4:50**, pero un empleado usando un reloj de esfera numérica dirá, **It's ten *to* five**, y sabrá que el día de trabajo está casi terminado—¡qué bueno!

Quizás usted querrá revisar otra vez lo que hemos aprendido sobre *decir la hora*. En seguida que se sienta listo, trate de hacer esto. Coja su reloj o un reloj despertador. Ajústelo para las 7:00 a.m. Entonces díganos qué hora es. Asegúrese de usar a.m.

Adelante el minutero con intervalos de cinco minutos y díganos cómo diría la hora. Haga esto (siempre con intervalos de cinco minutos) hasta las 8:00 a.m. ¿Puede hacer lo mismo con la 1:00 p.m.? Esta vez adelante el minutero con intervalos de quince minutos.

Ahora, trate de decir algunas de las horas que hemos aprendido, usando estos números. Debe ser fácil escribirlas ahora.

1. 2:24 _____

2. 3:58 _____

3. 4:12 _____

4. 5:30 _____

5. 6:15 _____

6. 7:45 _____

7. 8:20 _____

8. 1:14 _____

9. 9:17 _____

10. 10:35 _____

11. 11:01 _____

12. 12:13 _____

MAN **Excuse me, sir. What time is it?**
Perdón. ¿Qué hora es?

JUAN **It's midnight.**
medianoche

MAN **How can that be? It's still** *(lait)* **light out!**
¿Cómo? todavía claro afuera

(rait)
JUAN **You are right. It must be noon.**
mediodía

MAN **That's more like it. Are you feeling OK?**
bien

(chust)
JUAN **Yes, it's just that I am from Spain and my English is not too good.**
es solo que

(tuelv)
MAN **Well, at twelve noon it is daytime, and at twelve midnight it is dark.**
obscuro

Remember that! By the way, do you want to buy a watch? They are

(ek-SPEN-sive)
not expensive.
caros

(PIK-po-ket)
The pickpocket
carterista

48

JUAN **No, thank you. I have one. But. . . it is lost!**
                                        perdido

MAN **Here it is. I am an honest pickpocket!**
                    honrado

Remember
Recuerde

When you travel, you can get confused.

(IES-ter-dei)   *(tu-DEI)*
Yesterday, Washington, DC. Today,
  ayer   hoy

(tu-MO-ro)
Boston. Tomorrow, Chicago.
        mañana

Where are we now?

El día después de hoy

es_____

El día antes de hoy

es_____

Y el día antes de mañana

es_____

    A los quince minutos **to** (para) o **after** (después) de la hora, los americanos dirán **a quarter**
                                                                        (jef)
(cuarto) después o para la hora, pero nadie dirá *one half* cuando es treinta minutos después o para
la hora. Ellos usualmente dirán **thirty**—solamente algunas personas dirán **half past** la hora. Por
ejemplo, se dice **six-thirty, three-thirty,** o **half past six, half past three.**

4:30_____   4:15_____   4:45_____

En los Estados Unidos dar la hora con reloj de 24 horas (son las 14:20 o las 21:15, etc.) se usa raramente.

Por supuesto, para decir la hora usamos solamente hasta el número 60, pero es bueno añadir aquí
que para decir 70 se dice **seventy,** *(SE-ven-ti)* para 80, **eighty,** *(El-ti)* y para 90, **ninety.** *(NAIN-ti)* De los cientos hablamos luego.

Diga estos números:

1. 45	**2.** 27	**3.** 94	**4.** 68
5. 22	**6.** 36	**7.** 53	**8.** 71

Contractions
(kon-TRAK-chens)
Contracciones

A diferencia del español, hay muchas contracciones en inglés, y casi todas se indican con apóstrofe (') para señalar las letras que faltan.

Por ejemplo:

(aim)
I am = I'm

(ets)
it is = it's

(yur)
you are = you're

(uir)
we are = we're

(chis)
she is = she's

(t' er)
they are = they're

(jis)
he is = he's

y en el negativo:

is not = aren't

does not = doesn't

are not = aren't

do not = don't

Trate de escribir estas contracciones:

1. I am = _____
2. I do not = _____
3. You do not = _____
4. He is = _____
5. She is not = _____

6. They are = _____
7. They are not = _____
8. We are = _____
9. I am not = _____
10. It is = _____

Another Verb

Un verbo muy importante en inglés es **TO HAVE** (tener).

A continuación puede ver las distintas formas de este infinitivo.

(jev) TO HAVE	
I have	**we have**
you have	**you have**
he _(jes)_	
she **has**	**they have**
it	

_____	
_____	_____
_____	
_____	_____

Llene los espacios en blanco con la forma correcta de **TO HAVE.**

1. I do not_____a watch.

(ten) (DA-lerz)
2. Do you _____ $10.00?

3. We _____ a room in the hotel.

4. She _____ a chocolate bar.

(KON-tri) (jaus)
5. He _____ a country house.
una casa de campo

51

¿Puede contestar estas preguntas?

1. Do you have your suitcases?

2. Do you have a house in the country?

3. Do you have a watch?

4. Do you have a cat?

Ordinal Numbers
Números ordinales

Escriba en español los números, enseñando el orden de los pisos y dígalos en voz alta.

(florz)   *(BIL-ding)*
The floors of the building
los   pisos   del   edificio

Cuando usted tome el ascensor en el hotel, usted verá que los botones siempre tienen el número del piso, pero para la planta baja a veces dice: **GROUND.**

(naint')
ninth

(SE-vent')
seventh

(fift')
fifth

(t'erd)
third

(furst)   *(graund)*
first o **ground floor**
planta baja

(tent')
tenth

(eit')
eighth

(sikst')
sixth

(fort')
fourth

(SE-kend)
second

(po-ZE-chun)

Possession
Posesión

Describir la posesión en inglés es muy diferente del español, y ¡ mucho más fácil!

Solamente añadimos **'s** al nombre de la persona que posee la cosa:

(tai)   (CHIL-drenz)   (po)

Mary's dress, John's tie, the children's room, the cat's paw. Pa

Practique éstos:

1. El libro de Juan _____

2. La casa de María _____

3. Las maletas de Ricardo _____

4. Las plumas de Marta _____

En los casos donde los nombres plurales terminan con **-s**, solamente añadimos el apóstrofe:

the boys' books, the ladies' room, the tourists' hotel.

It's my suitcase.
mi

No, it's not your suitcase.
su

Mine and Yours
Mi y Su

(mai) (main) (yor)

Por supuesto, nosotros también tenemos palabras posesivas en inglés como **my (mine), your**

(yorz)   (jis) (jer) (jerz)   (aur) (aurz)   (t'er) (t'erz)

(yours), his, her (hers), our (ours), y **their (theirs).** Lo importante aquí es recordar que la concordancia va con la persona que posee algo y no con la cosa que se posee. Por ejemplo, un perro que pertenece a un hombre debe ser **his** dog, pero el mismo perro, cuando pertenece a una mujer, debe ser **her** dog (Lo mismo será si tienen más de un perro—**his dogs, her dogs**—por no haber concordancia con adjetivos ni en género ni en número.)

Mire el próximo cuadro:

my (mine) = mi (mío)

your (yours) = tu, su (tuyo, suyo)

his = su (suyo)

her (hers) = su (suyo)

its = su (suyo)

our (ours) = nuestro

their (theirs) = su (suyo)

NOTA: Las seis formas inglesas *nunca cambiarán* para concordar con el género y el número (singular o plural) de la cosa poseída. La única vez que se usa la forma en paréntesis es cuando la palabra se usa como un pronombre posesivo:

I have my hat, you have yours.
Yo tengo mi sombrero, tú tienes el tuyo.

Usted deberá entender la siguiente historia:

"What time is it?" the father asks his daughter.
pregunta

"It's three o'clock," says the daughter.
dice

"When are you leaving for Chicago?"
sale   para

she asks her father.

"At twenty after five," he answers.
contesta

Llene los espacios en blanco:

The daughter asks _____ father a question.

He leaves for Chicago at _____.

What time is it?

Trate de traducir las frases siguientes al inglés:

1. mi hijo = _____ **son**

2. tu billete = _____ **ticket** *(TI-quet)*

3. su abuela = _____ o _____ o _____ o _____ **grandmother**

4. nuestra casa = _____ **house**

¿Puede decirnos a qué hora usualmente hace usted lo siguiente? Empiece con **AT** (a las):

levantarse **I get up at**_____   almorzar   **I have lunch at**_____

terminar el trabajo **I finish work at** _____   cenar **I have dinner at**_____

acostarse **I go to bed at** _____

(REIL-rod) *(STEI-chen)*
Railroad station
La estación de ferrocarril

Viajar en tren en países extranjeros puede ser una experiencia agradable cuando los trenes son

cómodos, rápidos y ofrecen buenas conexiones. En los Estados Unidos el tren **express**, por
(eks-PRES)
expreso

supuesto, es más rápido y tiene pocas paradas. Los trenes no tienen primera y segunda clase, pero

(koch) *(kam-PART-ment)* *(SLI-ping)*
en algunos trenes usted puede escoger entre un **coach** y un **compartment** con una **sleeping**
litera

(bert´)
berth. The **compartment** es más caro pero también más cómodo.

(TI-quet) (UIN-do)
Cuando usted ha comprado su billete en la **ticket window** necesita mirar con cuidado para ver el
taquilla

(BOR-ding) (PLAT-form) *(DAI-ning) (kar)*
número de su **boarding platform**.   Los mejores trenes tienen un **dining   car**; otros tienen un
andén   coche comedor

(snek) (bar)
snack bar. En algunos casos se sirven comidas completas y deliciosas en su mismo asiento. En
bar

viajes largos, usted debe **check** su **luggage** en el **baggage car**, y un empleado guardará su
facturar   equipaje   furgón

56

(ri-SIT)

equipaje durante el viaje. Usted debe enseñarle su **receipt** para conseguir su equipaje cuando
talón

(de-sti-NEI-chen)

llegue a su **destination**.
destino

Marcos, María, y sus hijos están de viaje de Nueva York a Chicago, y llegan a la estación para coger su tren.

(FAI-ne-li)

MARIA   **Finally here we are at Grand Central Station! Do we take an express**
Por fin   cogemos

(chi-KA-go)

train to Chicago?

(raund) (trip)

MARCOS   **Yes.** *(To the clerk)* **How much does a round-trip ticket to Chicago**
cuánto   de ida y vuelta

cost? We are four people.

CLERK   **Do you want a direct train?**
directo

MARCOS   **Yes, please.**

CLERK   **Sleeper or coach?**
litera

MARCOS   **Coach, please.**

El empleado le dice el precio: **(the price)**.

MARCOS   **When does the train leave?**
sale

CLERK   **It leaves at 11:30 A.M.**

Si usted no va en **direct train,** usted tendrá que hacer conexiones con otro tren. Para un viaje

(EI-chen-si)

largo siempre sería inteligente hacer una reservación en una **travel agency** (agencia de viajes) y también algunas veces en su hotel podrán hacer todos los arreglos de viaje para usted.

¿Puede recordar la mayoría de las palabras y expresiones que puede necesitar para viajar en tren? Vamos a ver. Llene los espacios en blanco.

1. La ciudad adonde va se llama su _____.

2. Si el viaje es largo y usted quiere dormir cómodamente, ¿qué debe reservar? A _____.

3. ¿Dónde se guarda su equipaje en un viaje largo? In the_____.

4. Si el tren no va hasta el destino final, ¿qué tiene que hacer?

_____

5. Para recoger su equipaje del furgón, ¿qué debe enseñar? The _____.

6. ¿Cómo se dice *billete de ida y vuelta*? A _____ ticket.

Ahora combine las palabras en inglés de la primera columna con sus significados en español de la segunda columna:

1. **ticket window**   A. hacer empalme
2. **to check luggage**   B. coche comedor
3. **to make a connection** C. taquilla
4. **dining car**   D. equipaje
5. **boarding platform**   E. facturar
6. **luggage**   F. ida y vuelta
7. **round trip**   G. viajar
8. **sleeping berth**   H. andén
9. **to travel**   I. litera

58

Recuerde, por lo general, no hay mozo de estación.

Taking a Trip

Mire este horario: ¿puede contestar las preguntas que siguen?

(SKE-dyul) **SCHEDULE** el horario					
Departure salida	**Destination**	**Arrival**	**Connection** empalme	**Destination**	**Arrival**
New York **08:00A**	*(fi-la-DEL-fi-a)* **Philadelphia**	**10:20A**	**10:52A**	**Chicago**	**10:45P**

1. When does the train leave? At _____

2. When does it arrive in Philadelphia? _____

3. When does the train arrive in Chicago? _____

4. Where do you have to change? _____

5. What time does the other train leave Philadelphia? _____

6. What is your final destination? _____

7. Will it be morning when you arrive in Chicago? _____

Nuestra mente está un poco confusa hoy. Ayúdenos a pensar correctamente colocando las siguientes palabras en el orden apropiado para que tengan sentido.

1. to buy, ticket, I want, a , round trip

2. your, to check, you, luggage, have

3. the, leave, when, does, train?

4. a, Chicago, direct, train, there, is, to?

5. sleeping, want, compartment, I, please, a

6. dining, where, car, the, is?

7. change, do, trains, have, to, we?

More Verbs

Escriba estos nuevos verbos y aprenda su significado. Son iguales a los aprendidos anteriormente.

(un-der-STAND)	*(lern)*	*(sel)*	*(bai)*	*(TRA-vel)*
to understand	**to learn**	**to sell**	**to buy**	**to travel**
comprender	aprender	vender	comprar	viajar

Por ejemplo:

I understand English, but he understands only Spanish.

We are learning English, and we learn how to say many things.

They sell tickets at the station.

We buy our tickets at the station.

You travel to many places. We are traveling to Chicago.

Another Verb

Aquí tenemos otro verbo importante. Note cómo los verbos terminados en "y" requieren substituir "y" por "ies" para la tercera persona singular.

TO FLY = VOLAR	
I fly	we fly
you fly	you fly
he she } flies it	they fly

Ahora, ¿puede comprender estas oraciones fáciles?

1. I don't understand the schedule.

2. They don't sell chocolate here.

3. We travel by train.

4. He learns a lot.

5. The hotel clerk understands Spanish.

6. Anita goes to her room.

¿Puede llenar los espacios en blanco con los verbos indicados?

1. When we _____ to Chicago, we _____ by airplane. (travel, go)

2. If you do not _____ English, you will not _____ what people say. (learn, understand)

3. They _____ tickets at the theater. (sell)

4. We talk to Mr. Lopez because he _____ Spanish. (understand)

5. Mr. Smith _____ to Washington. (go)

6. Henry _____ at lot in school. (learn)

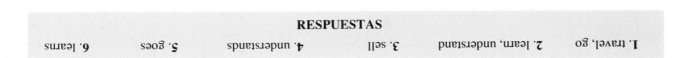

RESPUESTAS

1. travel, go   2. learn, understand   3. sell   4. understands   5. goes   6. learns

Additional Verbs
Verbos adicionales

to return o
to come back = volver

to return o
to give back = devolver

En inglés, **return** se puede usar también con personas y cosas y así se traduce "volver" y "devolver."

¿Puede leer estas oraciones en voz alta y comprender su significado?

1. My family comes back tomorrow.
3. I return the ticket.
5. Shall we come back by train or by bus?

2. At what time do you return?
4. The porter gives back my suitcases.

ALL ABOARD!
Todos a bordo

¿Puede escribir las letras que faltan en las siguientes palabras que se relacionan con viajar? Los equivalentes en español están escritos debajo de las líneas para ayudarlo.

Departure
La salida

1. T _ _ _ _ (tren)
3. CO _ _ _ _ _ _ ON (empalme)
5. B _ _ TH (litera)
7. D _ _ _ R _ _ _ _ (salida)
9. A _ _ _ V _ _ (llegada)
11. T _ _ P (viaje)

2. D _ _ T _ _ _ _ _ _ N (destino)
4. B _ _ _ H (taquilla)
6. BA _ _ _ G _ (equipaje)
8. S _ _ T _ _ N (estación)
10. S _ _ _ D _ L _ (horario)
12. T _ _ K _ _ (billete)

waiting room
la sala de espera
(UEI-ting)

porter
el mozo
(POR-ter)

train
el tren

schedule
el horario

passenger
el pasajero, la pasajera

luggage cart
la carreta

railway platform
el andén

Progressive Tense

Como el tiempo presente en inglés no traduce la forma progresiva ni las formas enfáticas del tiempo, es necesario añadir la palabra auxiliar **to be** (ser) a los verbos + **-ing**. *Yo hablo* en inglés significa **I speak** o **I am speaking**. Note sin embargo que estas palabras son especialmente necesarias en las preguntas:

He walks to the store.	**He is walking to the store.**	**Is he walking to the store?**
You visit your aunt.	**You are visiting your aunt.**	**Are you visiting your aunt?**

Trate de hacer oraciones y preguntas usando estos verbos:

Ejemplo: **She sells.   She is selling. Is she selling?**

1. He reads.   He _____ _____.   _____ he _____?

2. I walk.   I _____ _____.   _____ I _____?

3. We travel.   We _____ _____.   _____ we _____?

4. You learn.   You _____ _____.   _____ you _____?

5. They go.   They _____ _____.   _____ they _____?

TO GIVE = DAR

¿Puede comprender estas oraciones? Dígalas en voz alta.

1. I give a chocolate bar to my daughter.   2. The clerk gives a ticket to the traveler.
   viajero

3. The girls give a flower to their mother.   4. Let's give the baggage check to the porter.

5. You should give a tip to the porter.
   propina

La siguiente historia le enseñará que ha aprendido más de lo que piensa.

Our family arrives at the railroad station. My father goes to the ticket booth and he buys tickets for our train trip. After he pays, the clerk gives the tickets to Dad and we go to the railway
papá

platform. We take the train at two o'clock in the afternoon and we travel to Chicago on an express train. When we arrive, we get off the train and my father looks for our luggage in the baggage car. He gives the luggage check to the porter but, when the porter gives back our luggage, my father does not give him a

(uai)
tip. I don't understand. Why?
por qué

Because it is not our luggage!
porque

Escriba la forma correcta de los verbos en paréntesis:

1. We don't _____ Spanish. (to understand)

2. Tourists _____ at the ticket booth. (to pay)

3. The porter _____ the luggage to the family. (to give back)

4. You _____ from the United States. (to be)

5. They _____ to the hotel. (to go back)

65

7 **Countries and Languages**
(LEN-gua-ches)
Países y lenguas

¿Tiene ansia de ver el mundo? Si usted tiene pasión de viajar, querrá saber cómo se dicen en inglés todos esos países de sus sueños. Después que haya escrito cada uno, dígalo en voz alta varias veces.

The Countries

(os-TREL-ya)
Australia _____

(CHAI-na)
China _____

(CHER-ma-ni)
Germany _____

(I-ta-li)
Italy _____

(MEX-i-co)
Mexico _____

(spein)
Spain _____

the United States _____

(CA-na-da)
Canada _____

(frans)
France _____

(greit BRI-ten)
Great Britian _____

(cha-PAN)
Japan _____

(RO-cha)
Russia _____

(SUIT-ser-land)
Switzerland _____

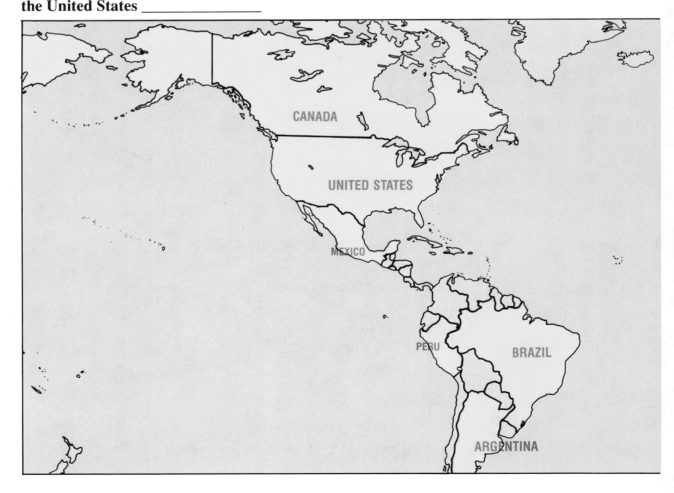

Mire nuestro mapa mundial y trate de encontrar estos países. Para cada uno, hágase esta pregunta:

Where is _____**?**

Cuando lo localice, responda, **"Here is ......"**

I Speak

Hablo

¿Puede darse cuenta de lo que cada persona en los grabados le está diciendo? Trate de repetir lo que dicen y después escríbalo en los espacios en blanco.

1. I speak English

(CHER-man)

2. I speak German

_____

_____

3. I speak French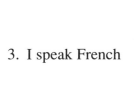

_____

4. I speak Spanish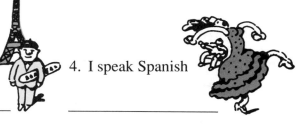

_____

5. I speak Russian *(RO-chin)*

_____

6. I speak Chinese *(chai-NIS)*

_____

7. I speak Japanese *(cha-pa-NIS)*

_____

I am . . .
Soy . . .

En inglés los nombres de las lenguas o idiomas se escriben con letra mayúscula. También los nombres de los países y los de nacionalidad llevan letra mayúscula.

RESUMEN		
	LETRA MAYUSCULA	EJEMPLO
Country País	todos	**Spain**
Language Lengua	todos	**Spanish**
Nationality Nacionalidad	todos	**I am Spanish** **I am a Spaniard** (masculino y femenino)

Muchas personas tienen antepasados de distintas nacionalidades. A continuación hay una listas de algunas. Haga un círculo en esas banderas y escriba el adjetivo de nacionalidad en los espacios en blanco junto a cada bandera.

1. Soy estadounidense.   **I am** _____ .

2. Soy austríaco   I am _____.

3. Soy australiano.   I am _____.

4. Soy belga.   I am _____.

5. Soy británico.   I am _____.

6. Soy canadiense.   I am _____.

7. Soy chino.   I am _____.

8. Soy danés.   I am _____.

9. Soy holandés.   I am _____.

10. Soy francés.   I am _____.

11. Soy alemán.   I am _____.

12. Soy italiano.   I am _____.

13. Soy japonés.   I am _____.

14. Soy mexicano.   I am _____.

15. Soy noruego.   I am _____.

16. Soy polaco.   I am _____.

17. Soy ruso.   I am _____.

18. Soy español.   I am _____.

19. Soy sueco.   I am _____.

20. Soy turco.   I am _____.

Ahora, ¿puede usted contestar estas preguntas nombrando el país donde estos lugares de interés están localizados? Diga la respuesta en voz alta.

(AI-fel) (TAU-er)
1. Where is the Eiffel Tower?   _____

2. Where is New York?   _____

3. Where is Acapulco?   _____

4. Where is Berlin?   _____

5. Where is the Colisseum?   _____

6. Where is the Prado Museum?   _____

(rain)
7. Where is the Rhine River?   _____
río

Another Verb

Aquí tenemos un verbo muy importante para las preguntas y los negativos.

Escríbalo y dígalo en voz alta.

(du) **TO DO** hacer	
I do	we do
you do	you do
he ⎫	
she ⎬ does	they do
it ⎭	

El verbo **to do** se usa en las preguntas y en el negativo de los verbos. Por ejemplo:

You speak English. **Do you speak English?** **You do not speak English.**

He arrives today. **Does he arrive today?** **He does not arrive today**

El negativo =
subject + to do + not + verb

Una pregunta =
to do + subject + verb

Escriba las preguntas y los negativos para estas oraciones:

1. **They enter the hotel.** _____

2. **We have a reservation.** _____

3. **The room has hot water.** _____

RESPUESTAS

1. Do they enter the hotel? They do not enter the hotel. 2. Do we have a reservation? We do not have a reservation. 3. Does the room have hot water? The room does not have hot water.

71

More Numbers
Más números

Ahora vamos a aumentar nuestro conocimiento de los números con los *cientos* — **hundreds.**
Diga las palabras en voz alta y practique escribiéndolas.

(tu)   (JON-dred)
two hundred _____
doscientos

three hundred _____
trescientos

four hundred _____
cuatrocientos

five hundred _____
quinientos

six hundred _____
seiscientos

seven hundred _____
setecientos

eight hundred _____
ochocientos

nine hundred _____
novecientos

(T'AU-send)
one thousand _____
mil

Cuando usted piense que puede contar de cien hasta mil, trate de hacerlo. Ud. puede echar una mirada si necesita. Hágalo varias veces. Delante de **hundred** and **thousand** recuerde que tenemos que usar **one.** Recuerde también que **hundred** no cambia al plural como en español.

Después de **hundred** a menudo usamos **<u>and</u>** delante del otro número, cosa que no pasa en español.

Por ejemplo: **110 = one hundred and ten** o
                                    one hundred ten

Después que usted ha dicho los números en voz alta, escríbalos.

1. 111	**2.** 222	**3.** 333	**4.** 415	**5.** 513	**6.** 647
7. 1776	**8.** 859	**9.** 995	**10.** 2112	**11.** 3564	**12.** 4716

Hablando de un año, en inglés se dice **nineteen ninety** (19-90) en vez de **one thousand and ninety**. Por ejemplo, 1776, el año de la declaración de la independencia, se dice **seventeen seventy-six** (17-76).

From New York To...
De Nueva York A...

Mire el mapa que muestra las distancias de Nueva York a otros lugares. Pregúntese a qué distancia está Nueva York de una de las ciudades, y conteste la pregunta. Recuerde de usar **miles** porque es la medida que se usa en los Estados Unidos para dar la distancia y la velocidad en las autopistas. Si usted está en la carretera tendrá que hacer cálculos mentales para convertir kilómetros a millas   (1kilómetro = 5/8 de milla).

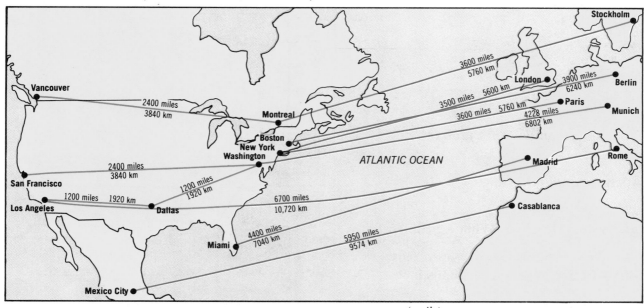

(moils)

1. Is Madrid very far from Miami? Madrid is _____ miles from Miami.

(clos)

2. Is Los Angeles very close to Dallas? Los Angeles is _____ miles from Dallas.

3. Is it very far from London to New York? London is _____ miles from New York.

I Understand
Entiendo

Conociendo la frustración de no ser comprendido, ¿puede usted imaginarse cómo se sintió esta señora cuando su bolsa desapareció? Ella le está contando sus infortunios a una amiga. Note cómo ella usa el presente para contar en forma muy real una historia que ya pasó. A menudo hacemos lo mismo en español: "Ese hombre viene a mí y me dice..."

I get on the subway at 34th Street and I go to Times Square. I take another train

(pers)

and I go to 59th Street. When I get out of the train, I can't find my purse. I look

metro   no puedo encontrar   bolsa   busco

(po-LIS-men)

for a policeman and I speak to him.

policía

New York's Subways

© New York City Transit Authority
Reprinted by permission of the Transit Authority

The policeman does not understand

Spanish and I do not

understand English. **What a problem!**
¡qué lío!

(jelps) (mi)
But a Latino New Yorker helps me.
ayuda

(ferst)
The policeman **asks for my first name,**
pide   nombre

(a-DRES)   (ruit)
my last name and my address. **I write**
apellido   dirección

(in-for-MEI-chen)
the information on a form and then I go
formulario   luego

(EM-be-si)
to the Spanish Embassy to say that now
Embajada Española

(GUD-nes)
I do not have my passport. My goodness!
pasaporte

(streinch)
What am I going to do? In a strange city,
hacer   extraña

(uit-AUT)   *(MA-ni)*
without a passport and without money, but
sin   dinero

(CRE-dit)   *(liv) (jom)*   *(OF-is)*
I have my **credit card.** I do not leave home without it. I go to the American Express office and
tarjeta de crédito   ella

(guiv)
they give me money. When I go back home, I find my purse on the dresser!

74

¿Qué países asocia usted a menudo con las cosas que aparecen en la lista siguiente? Escríbalos, por favor. Seguramente que usted recuerda.

1. vodka _____

5. chili _____

2. champagne _____

6. castanets _____

3. Estatua de la Liberdad _____

7. pizza _____

4. Shakespeare _____

8. geishas _____

¿Puede escribir los adjetivos de nacionalidad de estos países?

1. Russia _____

5. Mexico _____

2. France _____

6. Spain _____

3. United States _____

7. Italy _____

4. Great Britain _____

8. Japan _____

Ahora, ¿puede entender y contestar estas preguntas?:

1. What languages do you understand?

2. In Spain, what language do they speak?

3. In Germany, what language do they speak?

(PI-pel)
4. In the United States, do people speak English?
gente

5. Do you speak English?

¿Puede entender estas frases?

The French live in France. They speak and understand French.

The Spanish live in Spain. They speak and understand Spanish.

The Italians live in Italy. They speak and understand Italian.

THE RENTAL CAR

El coche de alquiler

Metro Chicago

Puede ser que usted quiera alquilar un coche y explorar el campo por usted mismo. Practique las frases en este diálogo hasta que esté seguro de ellas.

CUSTOMER **Good morning.**

(rent)

I want to rent a car.
alquilar

(jau)

AGENT **For how long?**
Por cuánto tiempo

CUSTOMER **For two weeks.**

(STAN-derd)   *(o-to-MA-tik)*

AGENT **Standard shift or automatic?**
¿De cambios   o   automático?

CUSTOMER **Automatic, and with**

four doors. Is gas included?
cuatro portezuelas   incluido

(MAI-lech)

AGENT **Not the gas, but the mileage,**
kilometraje

yes. The price is ...... a week.

(DRAI-vers)

Your driver's license, please. And
licencia de conducir

your passport and your

credit card.
tarjeta de crédito

(ri-TERN)

CUSTOMER **Can I return the car**
puedo

in the city I am going to?

76

AGENT **What city?**

CUSTOMER **Chicago.**

(kors)

AGENT **Of course. I am from Chicago. Here you have the keys and the**
Claro   aquí

papers. Have a good trip!
documentos

¿Puede llenar los espacios con las palabras que faltan?

1. I want _____ a car.

2. _____ or automatic?

3. Four _____

4. _____ license

Useful Expressions
frases útiles

Aquí tiene algunas expresiones útiles que usted podría necesitar al alquilar un coche. Practique escribiéndolas en los espacios en blanco y dígalas en voz alta hasta que las haya aprendido bien.

How much per day? _____

(in-CHUR-ens)
How much is the insurance? _____

Is gas included? _____

(di-PAZ-it)
Do I leave a deposit? _____
Dejo   deposito

¿Está listo para probar algunas expresiones más que usted podría necesitar en la carretera?

How do I get to _____ ?
Por dónde voy   a

(JAI-uei)
Where does this highway go? _____

Do you have a road map? _____

(DI-turs)
Are there detours on the road? _____
desviaciones

ROAD SIGNS
señales viales

Si usted está pensando conducir mientras está de viaje, pase algún tiempo recordando el significado de estas señales.

Estacionamiento

No derecha

No camiones

No doblar en rojo

Límite de velocidad

Curva peligrosa

Puente estrecho

Pare

No izquierda

Ceda

No vuelta en redondo

Cruce de ferrocarril

Siga derecho

No entrada

Camino se estrecha

Carretera se estrecha

Semáforo

Tráfico en ambas direcciones

Tráfico entra a la derecha

Colina

Resbaladizo

Obreros

Gasolina

Desvío

Calle de una vía

Cruce peligroso

Trabajo de camino

Hospital

The Service Station

La estación de servicio

CUSTOMER   **Can you fill the tank?**
¿Puede llenar el tanque?

                  (Re-gu-lar) (SU-per) (EX-tra)
MANAGER   **Regular, super or extra?**

                          (uil)   *(TAI-ers)*
CUSTOMER   **Regular. I also need oil. Will you please check the tires and the**
                            aceite   llantas

        (UA-ter)
        water?

MANAGER   **Everything is O.K.**
todo

CUSTOMER   **I am going to Washington, D.C. What is the best way?**

(Él saca un mapa.)

                  (jir)   *(T´RU-uei)*   *(ist)*
MANAGER   **Well, you are here. You must take the thruway going east.**

                    (tern)   *(IN-ter-steit)*   *(kon-TIN-yu)*
    After two miles, turn left onto the Interstate Highway. Then, continue
                doble izquierda   luego

                                              (sains)
    about four miles and turn right. Then you should follow the signs.
                  derecha   debe   seguir   señales

CUSTOMER   **Is there much traffic?**

                (taim)   *(LIT-tel)*
MANAGER   **At this time, very little.**
                muy   poco

¿Puede llenar los espacios en blanco con las palabras que faltan?

1. What do we fill the tank with? We fill the tank with _____ .

2. What do we put in the motor? We put _____ .

3. What else can you check at the service station? I can check _____ and _____ .

En los Estados Unidos las autopistas son excelentes. Muchas son **toll roads**, que significa que para usarlas debe pagar el peaje. Esto se hace generalmente a la salida.

THE CAR
El coche

(jorn)
horn
la bocina

(UIND-child) *(UAI-pers)*
windshield wipers
el limpiaparabrisas

(STIR-ing) *(juil)*
steering wheel
el volante

(DACH-bord)
dashboard
el tablero de instrumentos

(clach)
clutch pedal
el pedal de embrague

(GUIR-chift) *(stik)*
gearshift stick
la palanca de cambio

(breiks)
brakes
el pedal de los frenos

(ak-CEL-er-ei-tor)
accelerator
el acelerador

mirror
el espejo

motor
el motor

(jud)
hood
el capó

(JED-laits)
headlights
los faros

(BAT-e-ri)
battery
la batería

radiator
el radiador

trunk
el baúl

(BAM-per)
bumper
el parachoques

(sit)
seat
el asiento

(LAI-cens) (pleit)
license plate
la placa

roof
el techo

gas pump
la bomba

window
la ventanilla

body of car
la carrocería

(FEN-der)
fender
el parachoque o guardafango

tires
los neumáticos
las llantas

(JAN-del)
door handle
el tirador de puerta

gas tank
el tanque

door
la puerta

Ahora escriba en estos espacios los nombres de las siguientes partes del coche.

More Useful Expressions for Repairs
(ri-PERZ)
Más expresiones útiles para reparaciones

Si usted alquila un coche averiado, necesitará saber estas expresiones. Escríbalas, por favor, aunque usted vaya en bicicleta (**bike**) o en motocicleta (**motorbike**).

Can you help me? _____
　　　　　ayudarme

(flet)
I have a flat tire. _____
　　　　　pinchazo

(uont)　(ron)
The car won't run. _____
　　　　　no marcha

The car won't start. _____
　　　　　no arranca

(uerk)
The brakes don't work. _____
　　　　　no funcionan

(chench)
Can you change the oil. _____
　cambiar　　　aceite

(ded)
The battery is dead. _____
　　　　　descargada

(mek-A-nik)
I need a mechanic. _____
　mecánico

(lik)
The radiator has a leak. _____
　　　　　escape

To Be Able To, Can
(EI-bel)
Poder

En español, el verbo *poder* es muy importante. También es así en inglés, y hay algunas cosas que debemos saber sobre este verbo. *Poder* se traduce en inglés como **to be able to**, pero casi nadie
(ken)
lo usa así en los Estados Unidos. En vez de eso usan **can**, que es un verbo extraño porque no tiene forma infinitiva. Pero aquí está toda la conjugación importante de este verbo tan fácil:

CAN
I can   we can
you can   you can
he can
she can   they can
it can

Note que hay dos formas negativas de **can**:

I CANNOT GO.   WE CAN'T COME.
En el primero, el negative **not** se conecta con el verbo **can** formando una sola palabra. En el segundo ejemplo, se omite la "o" de la palabra **not**, sustituyendo un apóstrofe por esta letra: **'t**. Esta segunda forma es más informal y mucho más común. Por ejemplo: **Can you come to my house? No, I can't.**

TO BE, TO HAVE, CAN + NOT

En inglés, cuando necesita poner los verbos **to be, to have**, o **can** en el negativo, no es necesario usar el verbo **to do + not** (o **n't**).
   Usando los verbos **to be, to have,** y **can**, se dice solamente **not** para crear el negativo.
Por ejemplo:
 	
    He is =   He is not, he isn't
    He has=   He has not, he hasn't
    He can=   He cannot, he can't

¿Comprende estas oraciones?

1. I can speak Spanish.

2. He can drive my car.

3. He cannot drive my car.

4. We can go to Chicago tomorrow.

5. We can't go to Chicago tomorrow.

AN ACCIDENT

(AK-si-dent)

Un Accidente

(KER-fel)

Be careful! (¡Cuidado!) Conducir en un país extranjero quiere decir mirar la carretera aunque la vista s
maravillosa. Usted verá aquí lo que le pasó a alguien que no lo hizo.

DRIVER   *(Pensando para sí mientras conduce por una autopista de la montaña)*:
conductor

(aim)   *(VE-ri)*

I never look at the traffic signs. I'm not very careful when I drive, and I drive
                                  no tengo mucho cuidado   conduzco

(spid)   *(LI-met)*

very fast—I go sixty-five miles an hour, and the speed limit on this highway is
rápido

fifty. The road is very dangerous but I am in a hurry...Oh, my goodness!
                    peligroso   tengo prisa

(Ella tiene un accidente y hace un viraje repentino en <u>la carretera</u>.)

(The policeman arrives)

POLICEMAN   **How are you? OK? Your license, please. Where are you from?**
                                su licencia

Are you a tourist? What is your name and your address?
                                                    dirección

Now I am going to call a mechanic.
                    llamar

(The mechanic arrives)

MECHANIC   **You are lucky. You only**
                    tiene suerte   sólo

have a flat tire.

DRIVER **Can you change the tire?**
                cambiar   llanta

MECHANIC   **Do you want to call to**

arrange an appointment?
        hacer   cita

En la historia anterior, hemos usado tres expresiones con el verbo **to be: to be careful, to be in a hurry** y **to be lucky.**

La palabra **careful** quiere decir "cuidado," **hurry** es "prisa" y **lucky** *(LA-ki)* es "afortunado." Cuando se usan después de **to be**, quieren decir respectivamente "tener cuidado" o "tener prisa" y tener suerte.

¿Puede escribir en las siguientes líneas las oraciones en inglés para las de español que están a la izquierda?

1. Tengo suerte. _____

2. Tenemos cuidado. _____

3. La familia tiene prisa. _____

4. Ustedes tienen suerte. _____

5. Tengo prisa. _____

TO DO, TO MAKE, TO COME
(du) *(meik)* *(kom)*
Hacer, hacer, venir

To do (una actividad), **to make** (una cosa) y **to come** son verbos muy importantes en inglés porque son la base de muchas expresiones familiares.

La tercera persona singular toma **-es** en el verbo **to do,** ¿recuerda?

He does his work.   **She does the job.**

We do our work.   **They do the job.**

TO COME = VENIR

I come	we come
you come	you come
he she } comes it	they come

Llene los espacios en blanco de las siguientes oraciones con la forma correcta de **to do, to make** o **to come**:

1. I _____ a cake for my husband's *(keik)* *(BERT'-dei)* birthday.

2. You _____ home from work at 5:00.

3. He _____ his homework *(EV-ri)* every day.

4. I _____ not have a telephone.

5. They _____ too much noise. *(nois)*

6. She _____ to my house every day.

7. We _____ not understand this lesson.

88

En los Estados Unidos hay muchos campamentos. La mayoría tiene excelentes facilidades tales como piscinas, áreas de deportes, restaurantes y supermercados. Si usted tiene unos pantalones vaqueros y unas botas duras, estamos listos para empezar; ¡Vámonos!

(e-QÜIP-ment) EQUIPMENT
El Equipo

Vea si puede encontrar todos los artículos de la lista siguiente:

(FLECH-lait)
flashlight
la linterna de bolsillo

(tri)
tree
el árbol

clothing
la ropa

(bruk)
brook
el arroyo

basket
la cesta

(SLI-ping)
sleeping bag
el saco para dormir

(ors)
oars
los remos

blanket
la frazada o la manta

sun
el sol

(ka-NU)
canoe
la canoa

boots
las botas

(peil) (BAK-et)
pail, bucket
el cubo

(T'ER-mos)
thermos
el termo

cans
las latas

(yu-TEN-sils)
cooking utensils
utensilios de cocina

toilet articles
los artículos de tocador

(POR-ta-bel)
portable radio
el radio portátil

box
la caja

(MA-tres)
air mattress
el colchón de aire

(FI-ching) (pol)
fishing pole
la caña de pescar

(KORK-skru)
corkscrew
el tirabuzón o el sacacorchos

(MA-ches)
matches
los fósforos o
las cerillas

THE CAMPGROUND
(KAMP-graund)

El campamento

MARCOS *(ex-QUIUS) (mi)*
Excuse me. Is there a campground around here?
por aquí

JOHN **Fifteen miles from here.**
A quince millas de aquí

MARCOS **Does it have toilets and drinking water?**
servicios   agua potable

JOHN *(RON-ing)*   *(CHAU-ers) (i-lek-TRI-si-ti)*
Yes, it has running water, showers, electricity, and gas.
agua corriente   electricidad

(ER-i-a)
There is also a grocery store in the area.

MARCOS *(doz)*
Does it cost a lot?

JOHN *(RI-son-a-bel) (reits)*
No, they have reasonable rates. Do you have children?
razonables precios   niños

MARCOS **Yes, I have two. Why?**

JOHN *(PLEI-graund)*
Because the campground has a playground. How long are you
parque infantil

going to camp out?
acampar

MARCOS **One week in our tent with my wife and two children.**
tienda de campaña

JOHN *(ma-SQUI-tos)*
And with the mosquitos too!!!
también

1. ¿Agua caliente en el campamento? Puede que sí, puede que no. Pero, ¿qué otras dos clases de agua podrá encontrar allí?

_____ and _____

2. Si usted quiere cocinar (**to cook**), ¿sobre qué clases de energía preguntaría usted? _____

and _____

3. ¿Adónde iría usted por provisiones? to the _____

4. En los campamentos ¿dónde jugarán los niños? in the _____

5. Si usted no tiene un coche-vivienda (**trailer**), ¿qué es lo que más le gustará para dormir y vivir?

In a _____

AT THE GROCERY STORE

(GRO-se-ri) *(stor)*

En la tienda de comestibles

MARIA **Good morning. I need some**
necesito unos

(NU-dels) *(BAT-er)*
noodles, butter, and a little bit (a
fideos   mantequilla

(jam)
piece) of ham.
jamón

And do you have matches?
fósforos

(CHOP-ki-per) *(BAN-fai-ers)* *(for-BID-den)*
SHOPKEEPER **Are you camping? Bonfires are forbidden in the campground.**
Tendera   fogatas   prohibidas

(stov) *(solt)*
MARIA **We have a stove. I also need a little red wine, milk, salt and bread.**
estufa   poco rojo vino leche sal   pan

(The shopkeeper puts everything in a bag.)
mete   bolsa

MARIA **How much is it?**

SHOPKEEPER **Eight dollars.**

(TREV-e-lers)
MARIA **Can you cash a traveler's check for twenty dollars?**
cambiar   cheque de viajero

¿Qué palabras de la conversación asocia usted con los artículos de la siguiente lista? (Puede haber más de una respuesta)

1. butter _____

2. matches _____

3. traveler's check _____

4. to cook _____

5. to drink _____

6. cigarettes _____

To Need, To Have To Do Something

necesitar, tener que hacer algo

Estos son verbos muy útiles de saber cuando está en un país extranjero. **To need** se usa con cosas o verbos, pero **to have to** se usa con verbos solamente.

Por ejemplo:

I need food.
I need to buy food.
I have to buy food.
Recuerde: el verbo **to have** es irregular. Diga **he has.**

Diga estas oraciones en voz alta:

I need a tent when I go camping.
You have to buy food today.
My mother needs her suitcase because she has to pack it.
We always have to be polite.
He doesn't need to sleep much.
mucho

She has to sleep a lot.
mucho

¿Puede contestar estas preguntas en inglés? Escríbalas y diga las respuestas.

1. Do you need to eat in order to live?
para

2. Do you have to eat in order to live?
3. Does he need a ticket?
4. Do we need to take a bus to the museum?
5. What do you need when you go camping?

RESPUESTAS

1. Yes, you need to eat in order to live.   2. Yes, you have to eat in order to live.   3. Yes, he needs a ticket. (No, he doesn't need a ticket.)   4. Yes, we need to take a bus to the museum. (No, we don't need to take a bus to the museum.)   5. You need food, a tent, matches, a flashlight, clothes, etc.

92

TO DRIVE = CONDUCIR
(draiv)

Para llegar al campamento usted necesitará conducir un poco.
Mr. Sánchez drives carefully. He never drives too fast.

¿Puede contestar estas preguntas? Escriba las respuestas y dígalas en voz alta.

1. Do you drive very fast? _____

2. Do you drive your car to work? _____
         su   trabajo

3. Do you drive a car or a van? _____
         camioneta

Aquí está otro verbo muy práctico: **TO KNOW**. Pero en inglés, se puede usar este mismo verbo para decir **TO KNOW A PERSON** (conocer) y también **TO KNOW A FACT** or **TO KNOW HOW TO DO SOMETHING** (saber).

I know	we know
you know	you know
he knows	they know
she knows	

¿Puede leer estas oraciones en voz alta y entender lo que quieren decir?

1. Do we know how to speak Spanish? _____ .

2. Do you know Mrs. Jones? _____ .

3. I know where the station is. _____ .

4. They know the girl's name. _____ .

5. I don't know my address. _____ .

How do you say...?
¿Cómo se dice...?

El verbo **to be** puede ser usado con diferentes adjetivos para expresar cómo nos sentimos. Los siguientes dibujos le dirán el significado de cada uno:

He is cold.

She is hot.

They are afraid.

Mr. Smith is sleepy.

He is thirsty.
tiene sed

Mrs. Smith is embarrassed
tiene vergüenza

He is hungry.
tiene hambre

Diga en voz alta todas las anteriores oraciones. Cuando esté seguro de cada una de ellas, cúbralas con una hoja de papel y mire solamente los dibujos. ¿Puede describir lo que cada uno sugiere? Después, hágalo sin orden para examinarse. Son lo bastante importantes para aprenderlas bien puesto que ellas describen estados que nosotros sentimos en algún momento.

¿Puede describir ahora sus propios sentimientos cuando confronte las siguientes circunstancias? Escríbalas.

1. Un día de invierno   I am

2. Usted no ha comido. _____

3. Una noche misteriosa _____

4. Un día sofocante (dos contestaciones) _____

5. Usted olvidó el cumpleaños de su mamá. _____

6. Usted ha estado conduciendo por diez horas. _____

Cuando usted necesita preguntar sobre algo, empiece con **"Do you know if . . . ?"**

Por ejemplo: **Do you know if there is running water in the campground?**

Trate de hacer la misma clase de pregunta sobre otras cosas en el campamento que usted quisiera saber y use las nuevas palabras que acaba de aprender. **"Do you know if . . . in the campground? Cambie la pregunta a: "Do you know if they have . . . ?"**

Por favor, llene los espacios en blanco a continuación con la forma correcta de los verbos apropiados. Si no está seguro, revise las lecciones anteriores:

1. I _____ not Spanish.

2. I don't _____ drive a car.

3. They _____ ten dollars.

4. I _____ thirsty and I am going to drink water.

5. Now he _____ at home.
    en casa

6. I don't _____ the car.

7. She _____ matches in the store.

8. We don't _____ our meals in the hotel.

9. Do you _____ if there is drinking water in the campground?

10. I _____ to take the blanket.

(UE-t'er)   (SI-zonz)   (deiz)

Weather, Seasons, Days,

(uiks)   (mont's)

Weeks and Months

El tiempo, las estaciones, los días, las semanas, y los meses

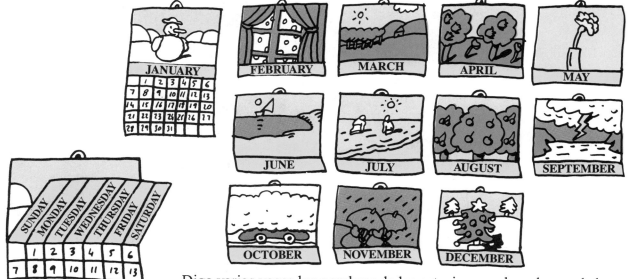

JANUARY · FEBRUARY · MARCH · APRIL · MAY · JUNE · JULY · AUGUST · SEPTEMBER · OCTOBER · NOVEMBER · DECEMBER

SUNDAY · MONDAY · TUESDAY · WEDNESDAY · THURSDAY · FRIDAY · SATURDAY

Diga varias veces los nombres de las estaciones y de cada uno de los meses que pertenecen a ellas. Cuando usted se sienta seguro, escriba la letra de las estaciones en la Columna 2 delante de los meses que pertenecen a ellas en la Columna 1:

1

(mei)
May
mayo

(O-gust)
August
agosto

(di-CEM-ber)
December
diciembre

(chu-LAI)
July
julio

(EI-pril)
April
abril

(no-VEM-ber)
November
noviembre

(chun)
June
junio

(CHAN-yu-e-ri)
January
enero

(ok-TO-ber)
October
octubre

(FEB-ru-e-ri)
February
febrero

(sep-TEM-ber)
September
septiembre

(march)
March
marzo

2

(UIN-ter)
A. **winter**
el invierno

(spring)
B. **spring**
la primavera

(SAM-mer)
C. **summer**
el verano

(O-tum)
D. **fall** o **autumn**
el otoño

Aquí están los días de la semana:

(MON-dei)	(TUS-dei)	(UENS-dei)	(T'ERS-dei)	(FRAI-dei)	(SAT-er-dei)	(SON-dei)
Monday	**Tuesday**	**Wednesday**	**Thursday**	**Friday**	**Saturday**	**Sunday**
lunes	martes	miércoles	jueves	viernes	sábado	domingo

97

¿Puede usted contestar las siguientes preguntas? Escriba las contestaciones y dígalas en voz alta:

1. How many months are there in a year?

_____

2. How many seasons are there in a year?

_____

3. How many months are there in a season?

_____

4. What month has 28 days?

_____

5. How many days are there in December?

_____

6. What months have 30 days?

_____

¿Puede escribir en los espacios en blanco los meses que corresponden a cada estación? En inglés, los meses se escriben con letra mayúscula.

1. The months in spring are _____ , _____ , and _____ .

2. The months in summer are _____ , _____ , and _____ .

3. The months in fall are _____ , _____ , and _____ .

4. The months in winter are _____ , _____ , and _____ .

Trate de escribir los nombres de las estaciones:

1. December, January and February are the months of ———————— .

2. March, April and May are the months of ————————————— .

3. June, July and August are the months of ———————————— .

4. September, October and November are the months of ——————— .

How Is The Weather?
¿Qué tiempo hace?

Para describir las condiciones del tiempo en inglés, se usa el verbo **to be** + el nombre de la condición. Por ejemplo: **It is hot in July. It is cold in winter.** Refiérase a los grabados y repita las oraciones que describen el tiempo de las distintas estaciones y los diferentes meses:

(SAN-i)

The weather is fine. **It is sunny.**
Hace buen tiempo.   Hace sol.

(REIN-ing)

It is raining.
Llueve.

(kold)

It is cold.
Hace frío.

It is snowing.
Nieva.

(jat)

It is hot.
Hace calor.

The weather is bad.
Hace mal tiempo.

Practique cubriendo las expresiones y vea si puede describir el tiempo que corresponde a los meses y a las estaciones. Por ejemplo: **It is windy in March, it is cool in the fall.**
　　　　　　　　　　　　　　　hace   viento　　　　　　　hace fresco

¿Ha practicado bastante? Vamos a ver cómo puede llenar los espacios en blanco. Puede haber más de una posibilidad en algunos casos.

1. In spring it is _____

2. In August is it _____

3. In March it is _____

4. In winter it is _____

5. It is _____ in the summer.

6. It is _____ in the winter.

Para decir "mucho calor," "mucho frío," etc., usamos **very** delante de la palabra que expresa el tiempo. Ejemplo: **In August it is very hot. In winter it is very cold.**

Pero cuando hablamos de la lluvia y de la nieve, usamos **a lot of**.
Por ejemplo, **There is a lot of rain today.**

Llene los espacios en blanco con **very** o **a lot of**.

1. In summer it is _____ hot.

2. In winter there is _____ snow.

3. You need an umbrella when it is _____ rainy.

4. You need an umbrella when there is _____ rain.

5. Is it _____ cold today?

Mire otra vez los grabados del principio de esta sección. Diga las expresiones en voz alta hasta que se sienta cómodo con ellas. Luego úselas para describir el tiempo de hoy.

SALLY **What time is it?**

SUSAN **It is seven-thirty.**

  (ol-RE-di)
SALLY **My goodness! Already? Is it a nice day?**
        ya   buen   día

SUSAN **I don't know—why?**

SALLY **Can we go to the beach?** *(bich)* **If it is sunny and the sky is clear, we**
playa

can get a nice tan. Let's look for a bathing suit.
bronceado   Vamos a buscar un traje de baño.

SUSAN **Yes, I want to go to the beach, too.** *(She goes to the window and looks out.)*

My goodness! What a day! You know, the weather is very bad. It is snowing

(VIN-di)
and very cold and very windy.

(uid)
We'd better look for skis!
esquis

Descriptive Words
Palabras descriptivas

A diferencia del español, que usa *ser* y *estar* según ciertas condiciones, en inglés hay sólo un verbo
—**to be**—y este verbo se usa igualmente para condiciones permanentes y temporales. Mire cómo
se dicen en inglés estas oraciones:

1. The girl is beautiful.
   hermosa
   linda

(AG-li)
2. The man is ugly.
   feo

(PLE-sent)
3. The boy is pleasant.
   agradable

4. The lady is unpleasant.
   desagradable

5. The mirror is dirty.
   sucio

6. The mirror is clean.
   limpio

7. The door is open.
   abierta

8. The door is closed.
   cerrada

Aquí están algunos de los adjetivos más comunes:

			(PRI-ti)	(AG-li)
tall, short	**young, old**	**happy, sad, unhappy**	**pretty,**	**handsome, ugly**
alto, bajo	joven viejo	feliz triste	bonito	guapo feo

(smol) (LI-tel)
big, small, little
grande, pequeño, poco

(gud)
good, bad
bueno, malo

Llene los espacios en blanco con el adjetivo apropiado.

1. The girl is not ugly. She is _____ .

2. The door is not open. It is _____ .

3. My son is not old. He is _____ .

4. The baby is not big. He is _____ .

5. The bus driver is not handsome. He is _____ .

6. The Empire State Building is not short. It is _____ .

7. His shirt is not clean. It is _____ .

(tol)
tall
alto

(chort)
short
bajo

(yong)
young
joven

(TAI-erd)
tired
cansado

(sik)
sick
enfermo

(sed)
sad
triste

(JEND-som)
handsome
guapo

(JAP-i)
happy
contento

Ahora que sabe muchas palabras nuevas para describir las cosas, trate de contestar las siguientes preguntas sobre usted mismo, empezando con **Yes, I am** ... o **No, I am not** ...

1. Are you short?

2. Are you tall?

3. Are you young?

4. Are you pretty (o handsome)?

5. Are you sad when it rains?

6. Are you small?

7. Are you happy when it's nice weather?

8. Are you unhappy today? (¡Esperamos que no!)

9. Are you unpleasant? (¡Por supuesto que no!)

En inglés los adjetivos se usan siempre delante de las palabras que ellos describen, por ejemplo: a **pretty girl, two tall boys, a happy face**, etc.

Adjective Endings
Terminación de Adjetivos

Note que en inglés, los adjetivos se usan con la misma forma—no importa el número o el género de las palabras que ellos describen. Por ejemplo:

The tall boy.   **The tall girl.**
The tall boys.   **The tall girls.**

Nunca hay concordancia entre el adjetivo y el nombre en inglés. ¡Los adjetivos son invariables!

Question Words
Preguntas

Como turista, usted probablemente hará muchas preguntas sobre adónde ir, cómo llegar allí, cuánto cuesta, etc. Practique estas preguntas y dígalas en voz alta:

(ju)
Who? = ¿quién?

(juat)
What? = ¿qué?

(juen)
When? = ¿cuándo?

(juer)
Where? = ¿dónde?

(jou)
How? = ¿cómo?

(moch)
How much? = ¿cuánto?

How many? = ¿cuántos?

(juai)
Why? = ¿por qué?

Trate de usar estas palabras en las frases siguientes:

1. _____ does the train leave?

2. _____ can't we go to San Francisco?

3. _____ is that man?

4. _____ is in this box?
   caja

5. _____ does this cost?

6. _____ are you, Jane?

7. _____ is the hotel?

¿Puede comprender estas preguntas?

1. When does the plane for Los Angeles leave?

2. Where is the hotel?

3. How much does a round trip ticket cost?

4. How many people fit in the car?
   caber

THE WEATHER FORECAST

El pronóstico del tiempo

(UAN-der-ful)
Today is going to be a wonderful day in Chicago,

with warm temperatures for this time of year.

(pos-si-BIL-iti)   *(ZI-ro)*
The possibility of rain is zero.

(skai)
The sky will be clear, and it is not going to be very windy.

It's a perfect day to go to the beach and get a nice tan.

SUN   RAIN   THUNDERSTORM
(tormenta)

SHOWERS   FOG   SNOW
(aguaceros)   (niebla)   (nieve)

If Today Is Tuesday, I Should...

Si hoy es jueves, debo...

Mire otra vez el calendario al principio de esta sección. Practique diciendo en voz alta los nombres de los días de la semana. Usted debe saber que en inglés los días de la semana se escriben empezando con letra mayúscula. Practique escribiéndolos hasta que los sepa bien. ¡Usted puede necesitarlos para una cita importante!

En inglés se usa **on** delante de los días de la semana. Por ejemplo: **I am going to the store on Saturday.** Antes de las fechas también se usa **on**. Por ejemplo: **I was born on June 29th, 1964.** Para los días del mes se usan los números ordinales. Ejemplo: **the fifth of June, December thirty-first**, etc.

Vamos a practicar estas formas. Use las dos frases en los espacios siguientes para formar una oración. Esté seguro de unir las dos partes con la palabra **on**, por ejemplo: **I am going home/ Monday—I am going home on Monday.** Escriba las oraciones y dígalas en voz alta:

We go to church/Sunday. _____

My mother goes to the store/Saturday. _____

I go to my grandmother's house/Wednesday. _____

They go to the beach/Monday. _____

1. What is today's date?

Today is the _____

of_____ .

2. When is your birthday?

My birthday is the _____ of _____ .

3. When is Christmas?

Christmas is the _____ of _____ .

4. When is Easter this year?

This year Easter is _____

5. When is Thanksgiving this year?

This year Thanksgiving is _____ .

6. When is Independence Day in the United States?

It is the _____ of _____ .

NOTE: Se puede decir **the sixth of June** o también **June sixth**—el significado es el mismo.

107

Tache la palabra o expresión que no pertenece a cada grupo:

1. summer   beach   snow   warm

2. June   July   January   August

3. it rains   it snows   it is bad weather   it is sunny

4. Mexico   Spanish   French   German

5. Christmas   Thanksgiving   your birthday   Easter

6. fall   Monday   spring   summer

¿Cuántas palabras escondidas puede encontrar? Haga un círculo alrededor de ellas siguiendo nuestro ejemplo. Hay siete más.

C	T	L	O	T	M	R	O	A	S
O	U	B	A	Q	M	A	R	C	H
L	E	N	P	V	D	R	M	R	S
D	S	P	R	I	N	G	P	W	U
A	D	S	I	J	S	V	U	I	N
M	A	H	L	N	Q	E	S	N	N
C	Y	A	U	T	U	M	N	D	Y
S	U	T	F	O	R	J	L	Y	O

11	*(pleinz)* **Planes and Tourism**	
	(TU-rizm)	
	El avión y el turismo	

¿Puede encontrar a las siguientes personas y cosas en la escena del aeropuerto?

(ER-lain)
airline
la línea aérea

(COS-toms) (AI-chent)
customs agent
el aduanero

(STU-er-des)
stewardess
la azafata
(Spain)
la aeromoza
(Latin America)

ticket counter
la taquilla

(gueit)
gate
la puerta

escalator
la escalera mecánica

(PAI-lot)
pilot
el piloto

(trok)
truck
el camión

(goz)   *(TEI-king)*
Mr. Suárez gets on the plane that goes to New York. He is taking a
       sube   hace

(BIZ-nes)   *(sit)*   *(rids)*
business trip. He looks for a seat next to a window and reads his
negocios   asiento   ventanilla   lee

(DU-ring)   *(e-NO-t'er)*
newspaper during the flight. There is another man
     durante   otro

(SI-ted)
seated next to him, and they talk a little during the flight.
sentado

MR. SUAREZ **Are you Spanish?**

OTHER MAN **No, I am Mexican. I am on a vacation. And you?**
de vacaciones

Where do you come from?

MR. SUAREZ **I am Colombian. I am taking a business trip to New York.**
hago

PILOT'S VOICE **We are going to arrive in New York in five hours. The weather is very good there. The skies are clear and the temperature is 82 degrees.**
grados

Thank you, ladies and gentlemen.
señoras y señores

OTHER MAN **When do we arrive in New York?**

MR. SUAREZ **At three-thirty in the afternoon, I hope.**

OTHER MAN **Why do you say "I hope?"**

MR. SUAREZ **Because I am afraid of planes and heights.**
alturas

OTHER MAN **Are you kidding? Planes are very safe.**
seguros

A VOICE **Good afternoon, ladies and gentlemen. I am not your pilot. The pilot is a little sick.**
buenas tardes

(JAI-chek-er)
I am your highjacker! We are going to take a trip to Cuba.

Vea si usted sabe cómo contestar las siguientes preguntas sobre la conversación.

(kaind)
1. What kind of trip is Mr. Suárez taking?

2. Where is Mr. Suárez looking for a seat?

3. What does Mr. Suárez read?

4. Where does the other man come from?

5. When are the passengers arriving in New York?

6. What is Mr. Suárez afraid of?

7. Is the other man afraid?

8. Who talks at the end?

110

The Plane

(plein)

El avión

(FLAit)
flight
el vuelo

(a-TEN-dent)
flight attendant
el (la) asistente de vuelo

window
la ventanilla

(RON-wei)
runway
la pista

(KA-bin)
cabin
la cabina

seat belt
el cinturón de seguridad

seat
el asiento

tray
la bandeja

Practique las nuevas palabras en el grabado. ¿No está seguro de ellas todavía? Si es así, vea qué fácilmente usted puede escribir las palabras que faltan en los espacios en blanco.

1. I want a _____ on the aisle.
   (ail)
   de pasillo

2. This is a _____ to Canada.

3. The plane is on the _____.

4. The seat has a _____.

5. The stewardess is carrying _____.
   Ileva

6. We look through _____.
   por la

RESPUESTAS

1. seat 2. flight 3. runway 4. seat belt 5. tray 6. window

111

Some Grammar

Algo de gramática

En este grabado vemos que la acción de una persona afecta a otra persona o cosa. En las siguientes oraciones escriba la palabra **actor** debajo de la persona que está haciendo la acción y **acted upon** debajo de la persona o cosa que recibe la acción.

The boy looks at the pictures.

The man buys a ticket.

The father buys a newspaper.

The bellboy takes the suitcase.

En los casos anteriores, la persona o cosa que recibe la acción del verbo es el complemento directo o indirecto.

En español el complemento concuerda en género y número con el nombre que sustituye.

Por ejemplo:

El muchacho mira **el cuadro.**/ El muchacho **lo** mira.
El señor compra **el billete.**/ El señor **lo** compra.
El mozo lleva **la maleta.**/ El mozo **la** lleva.

En inglés las formas usadas para el complemento directo e indirecto son éstas:

me	**us**
him	**her**
it (things)	**them** (people or things)
you (sing.)	**you** (pl.)

Estas formas siempre se usan después del verbo:

The boy looks at **the picture.** He looks at **it.**
The man buys **two tickets.** He buys **them.**
The lady greets **me.**
The boy greets **the girl.** He greets **her.**
The girl greets **the boy.** She greets **him.**
I love **you!**

En cada uno de los casos siguientes reemplace el complemento con uno de los pronombres de la lista anterior.

Ejemplo: I follow the instructions. I follow them.

1. She drinks a soda. ———————————————— .

2. My father takes some photographs. ———————————— .

3. I drive a car. ———————————————————— .

4. We see Mary. ———————————————————— .

5. Mary sees John. ———————————————————— .

actor (sujeto) + **direct object** (persona o cosa que recibe la acción) + **verb** (acción)

El cuadro siguiente le muestra las formas que usamos para decir *lo, la, los* y *las* cuando las personas o cosas reciben la acción del verbo.

Cuando yo recibo la acción del verbo, uso **me. The boy looks at me.** Cuando nosotros recibimos la acción, usamos **us. The boy looks at us.** En inglés solamente hay una forma para la segunda persona singular y plural: **you** es el equivalente de las formas *te, lo, la, los* y *las*.

¿Puede usted contestar estas preguntas fáciles? Use una de las palabras que acabamos de aprender (**him, her, it, them**) por las palabras indicadas. Tenga cuidado de colocarlas después del verbo.

1. Are you looking for the hotel? ———————————— .

2. Do you tell the truth? ———————————————— .

3. Do you buy tickets? ———————————————— .

4. Are you writing to Mary? ———————————————— .

5. Do you visit your brother? ———————————————— .

6. Do you buy magazines (revistas)? ———————————— .

RESPUESTAS

1. Yes, I am looking for it.   2. Yes, I tell it.   3. Yes, I buy them.
4. Yes, I am writing to her.   5. Yes, I visit him.   6. Yes, I buy them.

7. Do you want your dinner now? _____.

8. Would you like this seat? _____.

A Tour Around New York City
(tur)

Una excursión por la ciudad de Nueva York

© New York City Transit Authority. Reprinted by permission the Transit Authority.

(gaid)
GUIDE   **Good afternoon, ladies and gentlemen.**
                      damas   caballeros

Are you ready? Let's begin our tour.
(RE-di)
         listos   comenzar

(Los turistas suben

al autobús y toman sus asientos.)

MR. LOPEZ   (a la señora sentada junto

a él) **This is the first time that I am in New**
                                   vez   que

York City. I want to get to know this
                              conocer

city well during my two- week vacation here.
                durante

LADY ver	**You can see here on your right the Metropolitan Museum of Art,** derecha **which has some of the world's best paintings.** mejores pinturas
MR. LOPEZ	**I like Velázquez.**
LADY	**I am certain the Metropolitan has many of Velazquez's paintings.**
MR LOPEZ	*(weit)* **I can't wait to see them.**
LADY	**Now we are passing by Central Park, the most popular park in** parque **New York City.**
MR. LOPEZ	**It is not like the Buen Retiro Park in Madrid.**
LADY	*(FAUN-ten)* **The beautiful fountain is the Belvedere. And in front we see** fuente vemos *(FEI-mos)* **the famous Plaza Hotel.**
MR. LOPEZ	**Where are we going now?**
LADY	*(SI-port)* *(CHAI-na-taun)* **Downtown to the South Street Seaport and Chinatown. We are** *(uain)* *(pleis)* **going to have a glass of wine in a nice place with a fantastic** **view of the harbor.** puerto
MR. LOPEZ	**Madam, how do you know so much?** tanto
LADY	**Because I am the guide's wife!**

Haga un círculo en la contestación correcta entre las que están en paréntesis después de cada pregunta.

1. What is the Metropolitan? (an art museum, a church, a station)

2. What is the Plaza? (a park, a hotel, a theatre)

3. What is the name of a fountain in New York City? (Central, Columbus, Belvedere)

4. Where is the South Street Seaport? (midtown *(centro)*, downtown, uptown)

5. What are we going to have at a nice place? (water, wine, beer)

Vamos a repasar un poco el uso de **it** y **them**, que aprendimos anteriormente. Llene los espacios en blanco con las formas correctas que representan las palabras escritas en paréntesis. Diga cada oración en voz alta para acostumbrarse al uso de ellas. Luego diga lo que cada oración significa en español. La primera oración está hecha ya para servirle de ejemplo.

1. We look at them (pictures) _____ in the museum.

2. My father pays for (tickets) _____ at the box office.

3. I understand (the schedule) _____ .

4. I read the newspaper _____ in the morning.
         periódico   mañana

5. We eat (fruit) _____ in the hotel room.

6. We drink (soda) _____ in the cafeteria.

No Smoking

Recientemente se han aprobado leyes por todos los Estados Unidos prohibiendo fumar excepto en áreas especiales para esto. Por ejemplo, fumar no es permitido en elevadores, tiendas, museos, edificios públicos, escuelas, u oficinas. En los restaurantes, fumar sólo es permitido en la sección de fumar.

   ¡Tenga cuidado y obedezca los avisos!

12	*(T'I-e-ter)* *(se-le-BREI-chons)* ## The Theater and Celebrations El teatro y las fiestas

Juan y Ana son una pareja de mediana edad de Barcelona que por primera vez hacen un viaje a los Estados Unidos. A ellos les gusta el teatro y tienen una buena educación cultural. El lugar es New York en el segundo día de su estadía. Los dos hablan inglés bastante bien: "Ninguna palabra de español durante las vacaciones," deciden ellos.

THE THEATER

(chal)   *(bord)*

JUAN   **Shall we go to the theater tonight?** **I am bored here in the hotel.**
        vamos   aburrido

ANA   **Why not?** **At the Shubert Theatre they are presenting** *The King and I.*
     ¿Por qué no?   presentando

                    (greit)   *(ai-DIA)*

JUAN   **Fantastic!** **That is a great idea!**
                     gran

              (i-NOF)   *(plei)*

ANA   **Do we know enough English to understand the play?**
                 bastante   obra

       (cors)

JUAN   **Of course!**
         Claro

                                    (bord)

ANA   **If I don't understand it, I am going to be bored.**
                                       aburrida

             (slip)

JUAN   **Then you can sleep a little.**
   entonces   dormir

(Ana conoce un poco el asunto de la obra.)

                                  (plei)

ANA   **I don't want to go.** **I don't want to see that play.**
                                         obra

JUAN   **But why, darling?**

ANA   *(sinz)*
               The scenes at the end are very sad.
               escenas   tristes

JUAN   **So what?**

ANA   *(krai)*   *(MU-vis)*   *(bir)*
               Well, I don't want to cry! Let's go to the movies or let's go have a beer.
               pues   llorar   cerveza

More Useful Words

to sleep
dormir

to see
ver

Aquí están algunas expresiones prácticas.

(uach)
to watch a play
observar

to see a play
ver

to go to a play
asistir a

to look at the sights
mirar

(sam)
to get some rest
descanso

to take a nap
siesta

(IV-ning)
to go out in the evening
salir   noche

to spend the day
pasar

Watch out!
¡Tenga cuidado!

Did you have a good time?
¿Se ha divertido usted?

Llene los espacios en blanco con las palabras que faltan, después de leer la conversación·varias veces.

1. Do we know _____ English to _____ the play?

2. If I don't understand it, I am going to be _____ .

3. The scenes at the end are very _____ ·

Celebrations
Las fiestas

JUAN **American holidays are very interesting,**
(JA-li-deis)
celebraciones

but they are very different
(DIF-rent)

from Spanish customs. Of course,
de las   costumbres

New Year's Eve is an international
(nu)   (yirs)   (iv)
la víspera de año nuevo

holiday and in New York many

people go to Times Square in the
(taims)   (skuer)

center of New York a little before
(bi-FOR)
antes

midnight. When the big clock strikes midnight,
(MID-nait)   *(klak)   (straiks)*
reloj

(uich)
people kiss each other and they wish everyone a "Happy New Year!"
se besa   a todos   Feliz

(I-ster)
ANA   **Also, Easter is very interesting. Everyone goes out or they have**
Pascua Florida   sale

a family reunion at home. Many people prefer to see the famous
reunión familiar

Easter Parade along Fifth Avenue
desfile   la Quinta Avenida.

JUAN   **They say that it is a very colorful parade because many women**
dicen   pintoresca

wear very attractive hats.
usan   sombreros
gorros

ANA   **Another famous American holiday is the Fourth of July, when people**

celebrate the American Independence of 1776. On this day

(BAR-be-ku)
there is no work and everyone has a picnic or a barbecue and

(uach)   (FAI-er-uerks)
then they watch fireworks.

(ME-ni)
JUAN   **Many even believe that the national holiday in the United States is**

(bol)
"Super Bowl Sunday" (fútbol americano)**, the third Sunday in January. The two**

best football teams play a game. The winner is the champion for the year.
equipos   campeón

ANA   **But I feel like celebrating Thanksgiving.**
el día de Acción de Gracias

JUAN   **Of course! Because you are always hungry!**

120

Hay muchas celebraciones en los Estados Unidos. ¿Puede escribir el nombre de las celebraciones representadas en los siguientes grabados?

1. _____

2. _____

3. _____

4. _____

Recuerde que dijimos en la sección anterior que las palabras que representan a las personas que reciben la acción del verbo siguen el modelo siguiente.

Singular	**Plural**
me-me	nos-us
la-you, *(feminine)*	las-you *(feminine)*
lo-you *(masculine)*	los-you *(masculine)*

Usando este cuadro, escriba las formas correctas en los espacios en blanco. Luego diga lo que significan. El número uno está hecho.

1. **They look at** <u>us</u>   (nos)
   miran

2. **I see** _____ (la).

3. **We love** _____ (las).
   queremos

(KA-ches)

4. **The policeman catches** _____ (me).
   policía

5. **They look for** _____ (los).

6. **We take** _____ **to the party** (lo).

7. **I need** _____ (las).

8. **They wait for** _____ (nos).

9. **My father does not understand** _____ (me).

10. **They don't understand** _____ (lo).

Nunca aprendimos cómo deletrear muy bien. ¿Puede ayudarnos a escribir las letras que nos tienen atascados?

1. I don't want to see a p _ _ _d_ . (*desfile*)

2. There are many c_ _ _b_ _t_ _ _ s (*celebraciones*) in the U.S.A.

3. What is your favorite h_ l _ d _ y?

(JAI-king)   *(RON-ing)*   *(CHOG-ing)*

HIKING, RUNNING AND JOGGING

Dar caminatas, correr, y correr al trote corto

(Un reportero, con el cuaderno en la mano, corre junto al atleta Brown.)

(braun)
REPORTER   **Mr. Brown?**

MR. BROWN   **Yes, that's me.**

(PI-ter)
REPORTER   **I am Peter Moloney, for Sports Illustrated magazine.**
                             deportes ilustrados   revista

(IN-ter-viu)
MR. BROWN   **Do you want an interview?**
                  entrevista

REPORTER   **Exactly.**
        exacto

MR. BROWN   **About what?**
          sobre

REPORTER   Can you talk a little about your *(laif)* life as an athlete? About jogging and hiking through the countryside?

MR. BROWN   Of course, if you have **enough** *(EN-er-chi)* energy to run five miles **more**.
bastante   más

REPORTER   I want to write an **article** about you.
artículo

MR. BROWN   I play many sports. I jog and take walks through the country

and through parks. I also ride a **bike** *(baik)* and I **know how to swim** *(suim)* very well.
monto bicicleta

I am the perfect athlete! Many others **only** jog. I don't. **Running** is good
sólo   correr

for **your health** *(jelt')* and it doesn't cost much **money**. A person buys **a pair of**
salud   dinero   un par de

running shoes *(chus)* and a **sweatshirt** *(SUET-chert)* and **that's it!**
sudador   ya está

to jog
correr al trote

sweatshirt
sudador

running shoes
zapatos para correr

REPORTER   Do you take **hikes through** the countryside?
caminatas por

MR. BROWN   Yes, and also in the **mountains**. *(MAUN-tens)*
montañas

REPORTER   And what does a person need for this sport?

MR. BROWN *(BEK-pek)* **A backpack, comfortable** *(buts)* boots, and **especially** *(es-PE-cha-li)* a pair of strong
mochila cómodas botas fuertes

legs. Also it is good to take a sleeping bag, a **canteen** *(can-TIN)* and some **cooking** *(KU-king)* **utensils** *(yu-TEN-sils)*
piernas saco para dormir cantimplora cocinar

REPORTER *(sin respiración y palpitando fuertemente)* **Mr. Brown, aren't you very tired? You
are very healthy. How old are you?**
¿Cuántos años tiene?

MR. BROWN **I am ninety-eight years old.** *(yirs)*
Tengo 98 años

REPORTER **What?! I don't believe it!** *(bi-LIV)*
¿Cómo? ¡no lo creo!

mountain climbing *(KLAIM-ing)*
alpinismo

backpack
mochila

sleeping bag
saco para dormir

canteen
cantimplora

cooking utensils
utensilios para cocinar

Remember

En esta última conversación hay otra expresión basada en **to be: to be ... years old** (tener ... años). Fíjese como el Señor Brown usa esa expresión al final de la conversación. Usando el mismo modelo, ¿puede decirnos su edad? Use una oración completa, escríbala debajo y dígala en voz alta.

_____

¿Cómo le pregunta usted a otra persona su edad? Vea como el reportero lo hizo. Escriba la pregunta y dígala en voz alta.

_____

¿Puede contestar en inglés estas preguntas sobre usted?

How old are you now?

How old are you going to be in five years?

How old are you going to be in ten years?

Do you like sports?

Do you know how to swim?

Do you jog?

Do you ride a bike?

Do you hike through the countryside?

Are you healthy?

Conteste las preguntas sobre los siguientes grabados. Note que en inglés usamos **this** en las preguntas, ya que es la misma forma para masculino y femenino.

1. What is this?

It is a _____ .

2. What is this?

It is a _____ .

3. What is this?

It is a _____ .

4. What are these?

They are _____ .

5. What is this?

It is a _____ .

BICYCLING AND SWIMMING

(BAI-sai-kling)   *(SUIM-ing)*

Ciclismo   Natación

(La entrevista continúa con el increíble
Señor Brown)

motorbike
la moto

REPORTER   **And riding a bike is another one**

(JOB-is)
of your hobbies?

(SAI-klist)
MR. BROWN   **I am not a cyclist, but there are**

many American cyclists. If a person

doesn't have a car, or if he has one but doesn't have enough money to buy gas, a bike is a

(mins)
good means of transportation. In the big cities, people who ride bikes or motorbikes
medio   grandes

(I-si-li)   *(puch)*
travel easily through the traffic. On the hills you* have to push a bike, but not a motorbike.
empujar   moto

(ob-ser-VEI-chen)
REPORTER   **A very sharp observation!**
astuta

(po-LU-chon)
MR. BROWN   **But there is too much pollution because of the traffic in the big cities. No,**
demasiada   contaminación

motorbikes are a bad means of transportation—and swimming is more healthy.
motos   más

Swimming is a sport that costs very little. You buy a

(tranks)   *(GAG-els)*
bathing suit—personally, I wear trunks—and goggles and that's it!
traje de baño   gafas

(BREST-strok)   *(craul)*
Some swimmers only know the breaststroke; others use the crawl.
algunos nadadores   brazada de pecho   arrastre

(FRANK-li)   *(BEK-strok)*
Frankly, I am a master at the backstroke.
francamente   arrastre de espalda

*Nota: En inglés, "you" se puede usar para representar una persona anónima.

REPORTER   **What a great athlete!**

MR. BROWN   **I think so!**   **As you can see, I am wearing a gold medal on my**
          ¡Yo lo creo!   llevo puesto

                                                                                  (ON-der)   *(UO-ter)*

trunks.   **It means that I can swim for thirty minutes under the water without**
              significa   bajo   sin

breathing.
respirar

to push   **goggles**   **bathing suit**   **to swim**
empujar   las gafas para   el traje de baño   nadar
                     el agua

breaststroke   **crawl**   **backstroke**

REPORTER   **Mr. Brown, you are a great athlete and a great man.**

                           (SIN-guer)
MR. BROWN   **I am also a great singer!**

Vamos a ver si puede contestar las siguientes preguntas sobre usted:

Do you know how to ride a bike? Is bicycling one of your hobbies? Do you know how to swim?
Where do you swim—in a pool (piscina) or in the ocean (mar)? What do you wear to go
swimming?

Remember

En inglés los adjetivos se usan delante de los nombres que ellos describen. Por ejemplo: big city
or big cities, great athlete or great athletes.

¿Puede contestar estas preguntas?

1. Does Mr. Brown ride a bike?

_____

2. Does he like to swim?

_____

3. How long can he swim under water?

_____

4. Who is a great singer?

_____

Llene los espacios en blanco a continuación:

1. Who is this person?

   He is a _____ .

2. What are these?

   They are _____ .

3. What stroke is this
   swimmer doing?

   He is doing the _____ .

4. What stroke is this
   swimmer doing?

   He is doing the _____ .

5. And what stroke does
   this swimmer do?
   He does the _____ .

Will You Give Me ?

¿Me   da ...?

Ahora usted necesita saber cómo decir "a mí," "a él," "a ella," etc. Esto es muy fácil. *Me* y *nos* se dicen **to me** y **to us**, como aprendimos anteriormente. En inglés no hay dos formas distintas para la segunda persona formal y la segunda persona familiar—usamos la misma **to you**. Para la tercera persona feminina se usa **to her**, y para la tercera persona masculina se usa **to him**. En plural para la tercera persona masculina y feminina se dice **to them**, y finalmente, para la segunda persona plural se dice **to you**.

Complementos Indirectos	
(singular)	(plural)
me-me	us-nos
you-te o le	them-les
her, him-le	you-les

En inglés puede también poner el complemento indirecto después del verbo y antes del complemento directo, omitiendo la palabra **to**. Por ejemplo:

I give the book to her.   o   **I give her the book.**

¿Puede hacer un círculo en la palabra correcta dentro de las posibilidades ofrecidas en cada una de las oraciones siguientes?

1. They give (him, he, his) a check.

2. The boss sends a letter to (them, they, their).

3. I show (her, she, hers) the picture.

4. We tell (them, they, their) the truth.

5. They return our suitcases to (we, our, us).

TO ME, TO YOU, TO HIM

Llene los espacios en blanco con las palabras correctas de la lista de complementos indirectos. Recuerde que estas palabras deben usarse después del verbo.

1. They sell _____ a newspaper. (me)

2. The bellboy returns the suitcases _____ . (les)

3. I give _____ the baggage check. (le-masc.)

4. She speaks _____ . (nos)

5. Her family writes _____ . (le- fem.)

6. Her son doesn't tell _____ the truth. (les)
      dice

7. The boss pays _____ the money. (nos)
      jefe

8. The boss speaks _____ . (me)

9. His father reads _____ the article. (te)
      lee

10. The passenger asks _____ the time. (me)

14	(milz) (fud) **Meals/Food** Las Comidas

I like to eat
Me gusta

(DAI-et)
I will start a diet tomorrow.

or

I will go on a diet tomorrow.
me pongo   mañana

¿Qué decimos cuando nos gusta algo?

En español usamos el verbo "gustar" con el pronombre como complemento indirecto. El pronombre como complemento indirecto indica a quien le gusta algo. El sujeto de la oración es la cosa que le gusta a esa persona.

Me gusta *el helado.*

Sin embargo, en inglés, el sujeto indica a la persona que le gusta algo y lo que le gusta a la persona es el complemento directo de la oración.

I like *ice cream.*

132

La misma forma se usa aunque a la persona le gusten varias cosas:

I like ice cream.

(VECH-te-bels)
I don't like vegetables.
legumbres

You like carrots.
zanahorias

(PRI-ti)
She likes pretty dresses.

(BEIS-bol)
He likes baseball.

(TI-cher)
We like the teacher.
maestro

They like the professors.

Diga si le gustan o no las siguientes cosas, diciendo **Yes,**

I like _____o **No, I don't like** _____:

1. I _____ planes.

2. He _____ parties.

3. You _____ swimming.

4. They _____ museums.

5. She _____ to run.

6. We _____ Peter.

Giving Orders
Imperativo

Cuando usa el imperativo en inglés, es solamente necesario usar el infinitivo sin ningún pronombre sujeto. Por ejemplo:

Be careful!

Speak more slowly, please.

Bring me some bacon and eggs, please.

Remember

Recuerde

Para ser cortés, cuando pide una cosa, debe añadir **I would like**....Recuerde decir **please**, y cuando recibe lo que ha pedido, diga **Thank you** siempre. Entonces todo el mundo dirá, "¡Qué corteses son estos turistas!"

(WANT) **TO WANT = QUERER**	
I want	**we want**
you want	**you want**
he wants	
she wants	**they want**
it wants	

Llene los espacios en blanco con el verbo **TO WANT**.

1. We _____ a room with bath.

2. He _____ to buy a newspaper.

3. I _____ to walk along the street.
   caminar   por   calle

4. She _____ to take the bus.

5. Mark _____ to go to the museum.

¿Puede contestar estas preguntas?

Do you want a soda?   Do you like sodas?

Do you want to study English?   Do you like to study?

Para el desayuno, en los restaurantes puede pedir **juice** (el jugo), **bacon or sausages and eggs** (huevos y tocino o salchicha), **potatoes** (patatas), **cereal, bread, or rolls** (cereal, pan, o panecillos), **pancakes** (panqueques), **waffles** (barquillos)-muchas cosas.

Pero muchos americanos toman solamente **toast and coffee** (el pan tostado y el café).

(Brek-fest)
Breakfast
El desayuno

(in-ex-PEN-siv) (RES-te-rant)
An inexpensive restaurant
barato

PAUL **When do you like to have breakfast?**
desayunarse

JEAN **At eight o'clock.**

(pri-FER)
PAUL **I prefer to have breakfast at a quarter to eight.**
prefiero

(blek) (KO-fi)
JEAN **Do you like coffee with milk or black coffee?**
café   solo

PAUL **I don't like coffee. I prefer tea. My mother**
(OL-ueis)
always serves it.
sirve

(chem)   *(tost)*
JEAN **Do you have jam and butter with your toast?**
pan tostado

(NI-t'er)
PAUL **Neither one! I don't like toast. My family**
(suit)
serves sweet rolls.
pan dulce

(O-rench) (chus)
JEAN **And orange juice? Do you like it?**
jugo de naranja

PAUL **No, I don't like it. I prefer to have tomato juice.**
tomate

JEAN **Darn it! How are we going to travel together?**
¡Caramba!   juntos

Llene los espacios con las nuevas palabras y practique diciéndolas en voz alta varias veces.

Coffee with cream   milk

_____

(ti)
Tea

_____

Jam

_____

Butter

_____

Toast

Orange juice

_____

_____

Sweet rolls

Tomato juice

_____

_____

Ahora llene los espacios en blanco con las palabras que faltan. Luego lea las oraciones en voz alta para ver si las comprende.

1. Do you _____ to have breakfast at six o'clock in the morning?

2. I don't _____ coffee with _____ .

3. We like _____ with butter.

4. Paul doesn't _____ orange juice; he likes _____ .

Llene los espacios en blanco y esté seguro de decir las palabras en inglés.

(jot)
1. Two hot drinks are: _____ and _____ .
    calientes

2. Two juices are: _____ and _____ .

(kainds) _(bred)_
3. Two kinds of bread are: _____ and _____ .

4. Two things we put on bread are: _____ and _____ .

136

Usando los grabados y la conversación de Jean y Paul, vea si puede contestar las siguientes oraciones en inglés. Diga las dos—las preguntas y las respuestas—en voz alta.

1. At what time do you like to have breakfast?

_____

2. What do you prefer, coffee with milk, black coffee or tea?

_____

3. Do you prefer orange juice or tomato juice?

_____

4. What do you have on your toast?

_____

(Tei-bel)

The Table

La Mesa

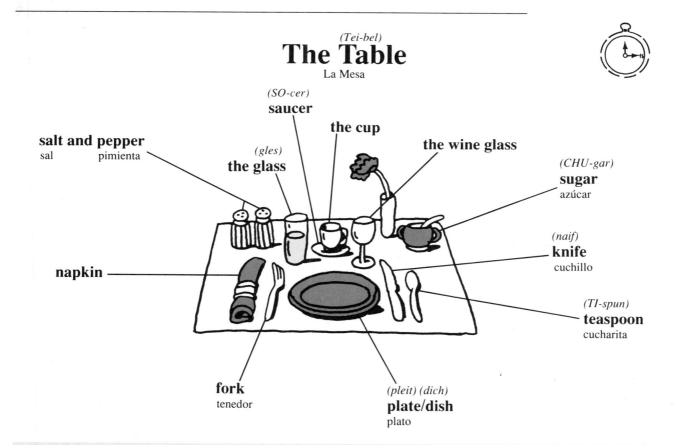

(SO-cer)
saucer

the cup

the wine glass

salt and pepper
sal   pimienta

(gles)
the glass

(CHU-gar)
sugar
azúcar

(naif)
knife
cuchillo

napkin

(TI-spun)
teaspoon
cucharita

fork
tenedor

(pleit) (dich)
plate/dish
plato

En los Estados Unidos se usan el cuchillo y el tenedor en una forma diferente a la nuestra. Ellos agarran el cuchillo en la mano derecha y el tenedor en la izquierda, pero generalmente cambian de mano para llevar la comida a la boca. En otras palabras, el tenedor cambia a la mano derecha.

Ahora ponga una línea de las palabras en la columna 1 a las palabras en la columna 2 que tengan relación.

1. **to cut** (cortar)	A. **saucer**
2. **cup**	B. **glass**
3. **orange juice**	C. **knife**
4. **sugar**	D. **to eat**
5. **fork**	E. **coffee with milk**
6. **butter**	F. **toast**

RESPUESTAS

1. knife 2. saucer 3. glass 4. coffee with milk
5. to eat 6. toast

DINNER

La comida, la cena

A continuación está una lista de los platos de la comida que puede ver en el grabado, en el orden en que generalmente se sirven. Dígalos en voz alta varias veces. (¡Por supuesto, puede empezar con el vino cuando a usted le guste!)

(ap-e-TAI-zers)	*(sup)*	*(SAL-ed)*	*(VECH-te-bels)*	*(fich)*		
appetizers	**soup**	**salad**	**vegetables**	**fish**	**meat, main course**	**dessert**
entremeses	sopa	ensalada	legumbres	pescado	carne, plato	postre

Ahora, ¿puede decir los platos en voz alta en orden y de memoria? Hágalo varias veces. Trate de contestar las siguientes preguntas sobre el **dinner**. Diga las preguntas y las respuestas en voz alta.

1. What is the first course (plato) for dinner?

_____

2. What course do you like the most?

_____

3. What do you drink in a glass?

_____

4. What do you cut with a knife?

_____

5. What do you drink in a cup?

_____

6. What course do we have before (antes) dessert?

_____

7. What is the name of the last course?

_____

8. Do you prefer fish or meat?

_____

(¿Se le hace la boca agua? También a nosotros.)

LUNCH
El almuerzo

In the United States lunch is usually served

between 12 and 2 P.M. Americans often have

dinner at about 5:30 or 6 o'clock, but many

tourists are not hungry at that time. Are you

(snek)

hungry before 7 o'clock? Do you like to have dinner early? Is it possible to have a snack in

(ef-ter-NUN)   *(pis)*   *(pai)*
the afternoon? If you are hungry you can have coffee and a piece of pie. Generally dinner is
                                                                                                                  pastel

the most important meal because people don't go home for lunch and they have to work after

(JE-vi)   *(uod)*   *(meik)*   *(SLI-pi)*
lunch. A heavy meal would make them sleepy. Dinner is usually soup, salad, fish, meat, or
         pesada   sueño

pasta and dessert. If you are thirsty you can have a soda.
                                    sed

Debajo están los nombres de cuatro horas posibles para comer durante el día. ¿ Puede escribirlas y decirlas en voz alta en el orden correcto? (No le aconsejaríamos probarlas todas el mismo día.)

afternoon snack (merienda) _____

lunch (almuerzo) _____

dinner (cena o comida) _____

breakfast (desayuno) _____

¿ Puede indicar la exactitud de las siguientes oraciones escribiendo **TRUE** o **FALSE** después de ellas?

1. In the United States they serve dinner at 9:00 P.M. _____

2. If I am hungry, I drink water. _____

3. It is possible to have a snack between lunch and dinner. _____

4. If I am hungry, I eat a sandwich. _____

5. Lunch is the most important meal in the United States. _____

¿ Puede añadir las letras que faltan en las siguientes oraciones?

6. I prefer to eat a san_ _ ich for lu_ _ _ .

7. They have a sn_ _ _ between lunch and dinner.

8. The last c_ _ _se is the de_ _e_ _ .

Restaurants
Restaurantes

(RES-to-rants)
Restaurants
Restaurantes

(TI-ping)
And Tipping
y   Propinas

The customer asks for a delicious meal.

The waiter brings him
camarero   trae
the food on a tray.

(bring)   (teik)
To Bring, To Take
Traer, Llevar

En inglés dos verbos relacionados muy estrechamente son **TO BRING** y **TO TAKE**. Como ambos verbos significan llevar algo a alguna parte, los americanos usan **BRING** cuando la acción es hacia la persona que habla, y **TAKE** cuando la acción es lejos de la persona que habla.

TRAER = TO BRING
Ejemplos: **Waiter, bring me a cup of coffee.**   (acción hacia la persona que habla)   **Waiter, take this plate away.**   (acción lejos de la persona que habla)

The Menu

Joseph y Philip van a uno de los mejores restaurantes en Nueva York. El número de estrellas que ese restaurante tiene indica la calidad de la comida. (Los restaurantes con una o dos estrellas son más baratos pero no quiere decir que sean malos, los de cuatro estrellas son los mejores—¡y los más caros!) El camarero llega y trae el menú. Ellos van a pedir.

WAITER   **Gentlemen, what would**

you like to order?
pedir

(rost)   (CHI-ken)
Our specialty is roast chicken.

JOSEPH   **Will you please bring**

us an appetizer first...

(DE-viled)
deviled eggs, no fish.

And then, two noodle soups.

PHILIP   **Then we will have two**

(LET-os)
lettuce and tomato salads.

And will you please bring

a little bit of bread?

WAITER   **I will bring the bread and also**
les traigo

vinegar and oil for the salads

right away.
en seguida

PHILIP   **Can you bring two orders**

(grin)   (bins)
of green beans? Then I will have

roast chicken
pollo asado

_____

fish
pescado

_____

deviled eggs
huevos rellenos

_____

noodle soup
sopa de fideos

_____

lettuce and tomato salad
ensalada mixta

_____

bread
pan

_____

oil and vinegar
aceite y vinagre

_____

(beiked) (traut)
baked trout
trucha al horno

JOSEPH   **For me only meat. Half**

a roast chicken with rice.
arroz

PHILIP   **I will also have a veal chop**
chuletas de ternera

with french fries. And

please also bring a bottle
botella

of the house red wine.
vino de la casa

WAITER   **And for dessert? Apple pie?**
postre   tarta de manzana

Ice cream? Cake?
torta

JOSEPH   **We don't like sweets.**
dulces

We would like a little bit of
poco

cheese. And later bring

two coffees and two brandies.

coffee
café

fish
pescado

sirloin steak
biftec

french fries
patatas fritas

grapes
uvas

cheese
queso

brandy
coñac

Llene los espacios en blanco para practicar las nuevas palabras. Esté seguro de decir cada una varias veces.

How do you feel?

(fil)

sentirse

Sometimes you feel fine, but unfortunately, sometimes you feel sick.

bien · mal

In English, you can say either "I feel fine (or well)" or "I am fine."

(eks-PRE-chens)

These expressions are not reflexive in English, as they are in Spanish.

expresiones · como

If you ever eat too much when you are in a restaurant,

you may want to go to the restroom. On the doors of the

restrooms there will be signs saying Men or Gentlemen

hombres · caballeros

and Women or Ladies.

mujeres · damas

RESTROOMS

los servicios

¿Puede traducir estas preguntas?

¿Se siente usted bien hoy?

_____

¿Se siente usted contento (contenta) ahora?

_____

¿Se siente usted triste cuando llueve?

_____

¿Se siente usted cansado (cansada) al final del día?

_____

RESPUESTAS

Do you feel well today? Do you feel (Are you) happy now?
Do you feel (Are you) sad when it rains? Do you feel (Are you) tired at the end of the day?

146

Ahora regresemos a nuestra comida. Coloque los números de los platos en la siguiente lista en los espacios en blanco para mostrar a qué grupo pertenecen.

1) appetizers   2) soup   3) salad   4) vegetables
5) fish   6) meat   7) dessert 8) drinks
                                           bedidas

1. _____ cheese   2. _____ tomato

3. _____ roast chicken   4. _____ veal steak

5. _____ clams   6. _____ green beans

7. _____ wine   8. _____ grapes

9. _____ baked trout   10. _____ noodle soup

11. _____ lettuce   12. _____ apple pie

Usando la conversación en las páginas 144 y 145, trate de llenar los espacios en blanco:

1. The _____ brings the menu.

2. The _____ of the house is roast _____ .

3. First Joseph and Philip will have some _____ .

4. The waiter _____ them beans.

5. Joseph doesn't _____ trout; he prefers to have _____ .

6. Both will drink a _____ of wine.

7. For dessert, they do not order _____ ; they prefer _____ .

¿Cómo preguntaría usted lo siguiente en inglés?

1. ¿Dónde está el cuarto de baño? _____

2. Por favor traíganos _____

Debajo está una lista de otras comidas y bebidas. Trate de pedir una comida usándola. Puede emplear las frases como están ilustradas a continuación para hacer su pedido:

APPETIZERS

shrimp cocktail
camarones

meatballs
albóndigas

SOUPS

vegetable soup

lentil soup
lentejas

SALADS

tossed salad
mixta

potato salad
ensalada de patatas

VEGETABLES

asparagus
espárragos

spinach
espinacas

FISH

(klemz)
clams
almejas

shrimp
camarón

MEAT

pork chops
chuleta de cerdo

lamb chops
cordero

DESSERT

(A-rench)
orange
naranja

rice pudding
arroz con leche

DRINKS

mineral water
agua mineral

red wine
tinto

What are you going to have tomorrow for lunch?

_____.

Are you happy (alegre) when you drink a lot of wine?

_____.

Do you feel sick when you eat too much? (demasiado)

_____.

Restaurant Meals

Many restaurants and cafeterias serve a daily special that is cheaper than other
(CHI-per)

selections. This is good for the tourists who don't want to spend too

much money. In the United States there are very popular fast-food and

fast-service restaurants. If you miss your *chorizo*, you can have a hamburger
extraña (Lat. Am.)
echa de menos (Spain)
hamburguesa

with french fries. It is inexpensive and very good. Really, when you travel it is better to try

out the food of the country. You will be surprised by all the delicious dishes you will find in any restaurant. Also, you can have an expresso in most of them. In any case, this will not be a problem in New York, Chicago, or any big city, because there are all kinds of ethnic restaurants, and Spanish restaurants are among the most popular. When you pay the bill, you should give a 15 to 20 percent tip.

cuenta

propina

How much?

some	**any**	**more**	**less**
algún	ningún	más	menos
alguno, alguna	ninguno, ninguna		
algunos, algunas	ningunos, ningunas		

Estas palabras son útiles cuando no quiere especificar una cantidad exacta.

Por ejemplo:

I would like some beans
He does not want any potatoes.
Please bring us more coffee.
I like less salt in my food.

Trate de poner las palabras del ejercicio siguiente en el orden correcto para que tengan sentido:

1. coffee/I am going/a cup/to have/of

_____

2. where/the/is/bathroom

_____

3. does/like/Philip/not/fries/French

_____

4. bring/you/can/of/wine/a/bottle/me

_____

5. feel/I/well/not/today/do

_____

HOW ARE WE DOING ?

¿Cómo andamos?

¿Puede combinar las palabras en la columna de la izquierda con sus antónimos o contrarios en la columna de la derecha?

1. to the right   A. near
2. far   B in front of
3. behind   C. to the left

Trate de escribir el nombre de la lengua que se habla en los países nombrados a continuación:

Great Britain _____   Spain _____

Russia _____   Germany _____

Italy _____   France _____

Escriba la letra de la columna 2 que corresponde a la oración de la columna 1:

Columna 1	Columna 2
1. ___ I am ninety years old.	A. a Chinese
2. ___ I run 15 miles every day.	B. an athlete
3. ___ I bring the menu.	C. a mechanic
4. ___ I repair cars.	D. a bellboy
5. ___ I speak Chinese.	E. an old person
6. ___ I eat at a restaurant.	F. a driver
7. ___ I drive the bus.	G. a waiter
8. ___ I live in Spain.	H. a customer
9. ___ I carry the suitcases.	I. a Spaniard

Vea cómo hace este crucigrama:

HORIZONTALES

1. postre
2. ver
5. entrada
7. a
9. llegar
11. decir
14. noche
17. claro
18. doce

VERTICALES

1. contracción por (he) do + not
3. uno
4. madre
6. viajar (he _____)
8. día
10. lluvia
12. pero
13. nieve
15. veo
16. hola

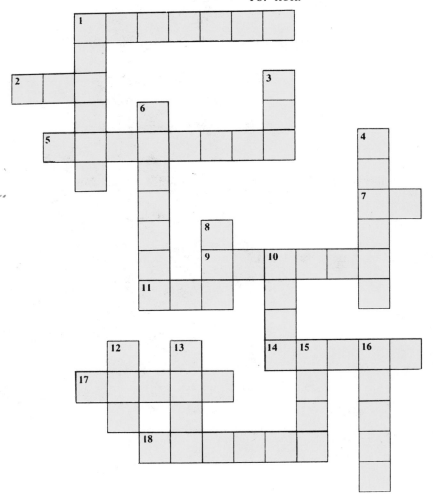

1. flight, suitcases, vegetables

2. son, car, grandfather

3. check-in desk, hotel, waiter

4. time, street, corner

5. next to, behind, employee

6. subway, language, taxi

7. waiter, midnight, noon

8. country, baggage car, berth

9. tank, tire, shower

10. plane, season, month

Haga un círculo alrededor de la pregunta que daría las siguientes contestaciones:

1. Tomorrow—Who?   When?   Why?

2. On the street—What?   Where?   How?

3. Two thousand dollars—How much?   When?   How?

4. It is a sink—Who?   What?   How?

153

5. He is an employee—How?   What?   Who?

6. Very well, thank you—How?   Where?   What?

1. train_____   2. ice cream_____   3. car_____   4. movies_____

5. chicken____   6. road_____   7. theater_____   8. highway_____

9. rice_____   10. movie_____   11. grapes_____   12. plane_____

1. I gi_ _ him the money.

2. The employee ret _ _ _ _ ten dollars to me.

3. I am n _ _ afraid to fly.

4. I don't t_k_ a trip.

5. We wr _ _ _ our new address.

6. I don't fe _ _ well.

7. It rai _ _ a lot in April.

8. It sno _ _ a lot in winter.

9. We s_ ll the car.

RESPUESTAS

Letras: 1. give 2. returns 3. not 4. take 5. write 6. feel 7. rains 8. snows 9. sell
Categoría: 1. V 2. C 3. V 4. D 5. C 6. V 7. D 8. V 9. C 10. D 11. C 12. V.
Círculo: 5. Who? 6. How?

154

10. The waiter ser _ _ _ us.

11. The customers pre _ _ _ that table.

Haga un círculo alrededor de la palabra o frase que complete las oraciones:

1. The waiter (needs, brings, comes) our meal.

2. It is very (hot, cold, windy) in summertime.

3. We eat meat with a (fork, spoon, cup).

4. In the United States dinner is at (six, four, ten) o'clock.

5. Mark is a good (wife, daughter, son).

Llene los espacios con las palabras correctas de la lista de la derecha:

1. I am twenty _____ old.	hurry
2. They want to eat because they are _____ .	thirsty
3. He wants to drink because he is _____ .	years
4. We run because we are in a _____ .	careful
5. I have many accidents because I am not _____ when I drive my car.	hungry
6. I am not _____ with the lotto.	lucky

¿Qué respondería a las siguientes preguntas y frases?

1. How are you? _____

2. Thank you. _____

3. What is your name? _____

4. How old are you? _____

5. What time is it? _____

¿Puede nombrar el mes que sigue a los de la lista siguiente?

July_____   September_____   November_____

¿Qué mes precede a cada uno de los siguientes?

_____ February   _____ April   _____ June

¿Puede arreglar las letras a continuación para escribir los días de la semana en inglés?

1. YADRUTAS _____   5. OMNAYD _____

2. DAYUSN _____   6. SEUTYAD _____

3. NESAYDEDW_____   7. RIFDYA _____

4. HURTSYAD _____

The clerk sees (nos)_____. The boy wants a newspaper and

buys (lo) _____ at the newsstand. The waiter brings the

bill and I pay (lo) _____. The girls see (me) _____.

I give the suitcases to the bellboy and he takes

(las) _____ to the taxi. We pay for the tickets and the

clerk gives (los) _____ to my father.

Vamos a ver cómo recuerda los números en inglés. Escriba los que están a continuación:

213_____   767_____

322_____   878_____

433_____   989_____

545_____   1215_____

656_____

¿Puede escribir el equivalente en inglés de las palabras que están debajo?

1. The waiter returns the money _____ _____
                                                              (le)
2. The clerk sells the tickets _____ _____
                                                              (les)
3. They don't tell _____ the truth.
               (me)

16	*(KLO-t´íng)* **Clothing, Sizes,** la ropa *(SAI-zes)* las tallas *(ME-cher-ments)* *(BEI-sik)* *(KO-lerz)* **Measurements and Basic Colors** las medidas y los colores principales

¿Se siente con ganas de comprar ropa? Aquí están las palabras que le permitirán gastar tanto como quiera.

(teik)
to take off
quitarse

(TRAI-ing)   *(kloz)*
Trying on clothes
probarse la ropa

to put on
ponerse

Debajo hay dos nuevos verbos que debe practicar escribiendo las diferentes formas. Esté seguro de decirlas en voz alta hasta que las sepa bien:

TO PUT ON			
I put on	we put on	I _____ my hat. We _____ our hats.	
you put on		You _____ your hat (s).	
he puts on		He _____ his hat.	
she puts on	they put on	She _____ her hat. They _____ their hats.	

TO TAKE OFF

I take off	we take off	I _____ my hat.	We _____ our hats.
you take off		You _____ your hat (s).	
he takes off		He _____ his hat.	
she takes off	they take off	She _____ her hat.	They _____ their hats.

Nota: Estos verbos no son reflexivos en inglés. Por lo general, los verbos reflexivos son menos común en inglés.

MEN'S CLOTHING
La ropa de hombre

Do you need
(juait)
a white shirt?

(sut)
This suit fits you
le queda

very well.
muy   bien

Now,
the bill!

Practique escribiendo las nuevas palabras debajo de los siguientes grabados. Esté seguro de repetirlas en voz alta hasta que las sepa bien:

(saks)
socks

_____

(Un aldeano va a una tienda de ropa de hombre en una gran ciudad.)

(O-ver-kot)
overcoat

_____

(IEND-ker-chif)
handkerchief

_____

(chert)
shirt

_____

CLERK	Can I help you, sir?
TOURIST	My luggage has been lost and I need
	necesito
	new clothes.
	I need underwear,
	ropa interior
	tee shirts, a white shirt,
	and a black tie.
	negra
CLERK	And a new suit, too?
TOURIST	Yes, can you please
	(cho)
	show me a suit?
	mostrarme
	I wear a size 34.
	uso

(tai)
tie

_____

(chorts)
shorts

_____

(pents)
pants

_____

(TI-chert)
tee-shirt

_____

(SUE-ter)
sweater

(kep)
cap

_____

160

(om-BRE-la)
umbrella

(Rein-kot)
raincoat

_____

_____

jacket

_____

belt

_____

(sut)
suit

_____

gloves

_____

boots

_____

hat

_____

CLERK   **At this time, I don't have a suit in your size. Can I show you a jacket** chaqueta **and pants?** pantalones

TOURIST   **OK. Where can I try on** probarme **the pants?**

El se los prueba y le quedan muy grandes.

CLERK   **They fit you perfectly! Now, all you need is a new belt!** cinturón

Escriba **True** o **False** en cada una de las oraciones siguientes:

1. The tourist needs to buy new clothes. _____

2. He doesn't want to buy underwear. _____

3. The tourist wears suit size 44. _____

4. The pants fit him perfectly. _____

5. The clerk says that the tourist needs a new belt. _____

Cuando un hombre se viste por la mañana, ¿en qué orden se pone la ropa? Escriba los números debajo de los artículos para enseñar el orden:

belt   socks   hat   underwear

_____   _____   _____   _____

tie   shirt   pants

_____   _____   _____

¿Puede llenar los espacios en blanco con la palabra en inglés correspondiente a la palabra indicada en español?

1. _____ my clothes in the morning.
   (Me pongo)

2. _____ my clothes at night.
   (me quito)

Nota: En estas oraciones usamos **my** en vez de **la**. Generalmente, en inglés usamos **my, your, our,** etc. hablando de prendas de vestir en vez de *el, la, los, las.*

3. The pants_____ well.
                (me quedan)

Trate de contestar las siguientes preguntas con oraciones completas en inglés:

4. Where can you buy clothes?
   _____

5. Do you buy clothes if they don't fit you well?
   _____

6. Do you need a new sweater?
   _____

When you need something

En inglés, usamos **need** por *hacer falta*. Es como el verbo **like** — decimos **I need something.**

sujeto + need + complemento

Por ejemplo:

I need a new suit.

He needs a pair of shoes.

They need a ticket.

Pero puede usar el verbo **to have** también para expresar necesidad. Usamos **to have** con otro verbo.

sujeto + to have + infinitivo

Por ejemplo:

I have to buy a new suit.

She has to take a trip.

You have to turn left here.

(gud)   *(BE-ter)*   *(best)*

Good, Better, Best
bueno   mejor   óptimo

Sometimes things are good, but not good enough. You want something better.
bastante

(bos)

You say to the clerk in the store, "I have to buy a present for my boss. I need
jefe

(CUAL-i-ti)

something better. Is this your best quality?"
cualidad

Si usted es un hombre y necesita comprar ropa, usted querrá usar las siguientes oraciones. Recuerde que hablando de ropa, **to wear** quiere decir llevar o usar. Llene los espacios; luego escriba las oraciones y practique diciéndolas en voz alta:

1. In shirts, I wear size _____ .

2. I need a suit size _____ .

Trate de decir el siguiente grupo de oraciones. Coloque la prenda de vestir de su preferencia en los espacios en blanco:

1. Do you want to show me a _____ ?

2. Can I try on a _____ ?
      (OL-ter)
3. Can you alter this _____ ?
      arreglar
4. This _____ doesn't fit me well.

Llene los espacios en blanco con las palabras representadas:

1. If it is cold, I wear a _____ .

2. If it is cool, I take off my coat and put on a

_____ .

3. If it is snowing, I put on my _____ .

4. If it rains, I take off my coat and put on my

_____ .

5. When it rains I also carry (llevo) an

_____ .

SIZES
las tallas

Las tallas de ropa y zapatos son diferentes en los Estados Unidos y Europa. Los siguientes cuadros le ayudarán a hacer la conversión de la **American size** a la **European size:**

MEN'S SIZES								
Shirts								
American size	14	$14^1/_2$	15	$15^1/_2$	16	$16^1/_2$	17	$17^1/_2$
European size	36	37	38	39	40	41	42	43
Other clothes								
American size	34	36	38	40	42	44	46	48
European size	44	46	48	50	52	54	56	58

WOMEN'S SIZES							
Blouses							
American size	32	34	36	38	40	42	44
European size	40	42	44	46	48	50	52
Other clothes							
American size	8	10	12	14	16	18	
European size	36	38	40	42	44	46	

165

WOMEN'S CLOTHES

la ropa de mujer

Practique las siguientes palabras, escribiéndolas en los espacios en blanco y diciéndolas en voz alta:

(BEI-sik)   *(KO-lerz)*
Basic Colors

colores principales

(YE-lo)
a yellow bra

_____

a red purse

_____

(blu)
a blue dress

_____

a green handkerchief

_____

the yellow panties

_____

a white slip

_____

(blaus)
a green blouse

_____

a red skirt

_____

¿Puede contestar las siguientes preguntas sobre los dibujos?
Ejemplo: **What color is the skirt? The skirt is red.**

What color is the dress? _____ .

What color is the blouse? _____ .

¿Puede continuar con los otros artículos representados?

MEN'S AND WOMEN'S SHOES
(chuz)

los zapatos de hombre y de mujer

(NA-ro)

The shoes are narrow.

estrechos

(tait)

They are tight.

me   aprietan

(uaid)

The shoes are too wide.

demasiado anchos

Shoe Sizes

Número

the shoes

the sandals

What size shoe do you wear? (¿Qué número calza usted?)

Consulte el cuadro siguiente y escriba su respuesta:

I wear size _____ .

the boots

Men's shoes									
American size	7	7½	8	8½	9	9½	10	10½	11	11½
European size	39	40	41	42	43	43	44	44	45	45

Women's shoes								
American size	5	5½	6	6½	7	7½	8	8½	9
European size	35	35	36	37	38	38	38	39	40

Martha wants to buy new clothes to go to a party at Theresa's house.

(peirs)
She goes to the shoe store and she tries on many pairs of shoes.
zapatería   se prueba

Some are too narrow and so they are too tight. Others are too wide.

Finally, she buys a pair that fits her well. At the department store a

salesman waits on her. He shows her green, yellow, and black skirts.
le atiende   le muestra

Martha buys a permanent-press skirt and a polyester blouse. She
inarrugable   poliéster

always likes to wear a red blouse. When she goes to the party, she

(AUT-fit)
sees that Theresa is wearing the same outfit!
mismo

Escriba sus contestaciones a las siguientes preguntas:

What does Martha wear to the party? _____ .

Who is wearing the same outfit? _____ .

Si usted está muy interesado en la ropa, aquí están algunas palabras y expresiones, hechas especialmente para impresionar al vendedor. Trate de escribirlas y dígalas en voz alta para practicar:

(uol)
I want something in wool _____ **silk** _____
algo de lana   seda

(CA-ten)   *(NAI-lon)*
cotton _____   **nylon** _____
algodón   nilón

denim _____   **leather** _____
dril de algodón   cuero

(sueid)
suede _____
gamuza

(ME-chur)
Do you want to measure me? _____
tomarme la medida

(CUAL-i-ti)
I would like something of a better quality. _____
mejor   calidad

Do you have something handmade? _____
hecho a mano

(smol)
It is too big / small / short. _____
pequeño

I don't like the color orange; I prefer _____ .
anaranjado

Do you have a _____ in the color _____?

Trate de practicar algunas situaciones imaginarias en las que usted podría usar las expresiones anteriores con varias prendas de vestir.

Usted ha sido nombrado el mejor hombre vestido o la mejor mujer vestida del año...¿Puede describir lo que generalmente usa para haber ganado este honor? Use palabras y expresiones como **to wear, to fit me well, everyday I put on, I prefer, I like,** etc. No se olvide de describir el color de la ropa.

¿Qué usa el peor hombre vestido o la peor mujer vestida? ¡Sea terrible!

_____

_____

¿Qué colores asocia usted con las cosas a continuación?

Escríbalos:

1. el mar _____

2. la hierba _____

3. el sol _____

4. la nieve _____

5. el carbón _____

6. las ascuas calientes _____

7. las mejillas de un bebé _____

8. un cielo nublado _____

17 Grocery Stores
Las tiendas de comestibles

(ueits) *(ME-charz)*
Weights and Measures
pesos y medidas

Dairy
Lechería

Produce Store
Verdulería, frutería

Bakery
Panadería

Meat Market
Carnicería

Fish Store
Pescadería

Bakery
Pastelería

Liquor Store
Licorería

Candy Store
Confitería

Ice Cream Parlor
Heladería

(KUES-chons)
To Ask Questions
Hacer preguntas

Para decir "hacer una pregunta" en inglés usamos la expresión **to ask a question**. En español hacemos una pregunta a alguien, pero en inglés le hacemos a alguien una pregunta.

Por ejemplo: **Our son asks us a question**.
Nuestro hijo nos hace una pregunta.

I ask the policeman a question.
Le hago una pregunta al policía.

171

Trate de decir las oraciones siguientes en inglés:

1. Yo le hago una pregunta a María. _____

2. Ellos me hacen una pregunta tonta. _____

3. Los turistas nos hacen muchas preguntas. _____

4. Usted me hace una pregunta difícil. _____

5. Nosotros le hacemos una pregunta al guía. _____

Too Many Questions
Demasiadas preguntas

THE INQUISITIVE ONE el preguntón	**I would like to ask you a question:** **Where can I buy milk?**
THE POLICEMAN el guardia	**They sell milk in the dairy store** **on the corner.**
INQUISITIVE ONE	**And if I need vegetables and fruit,** **where do I go?** adónde voy?
POLICEMAN	**To the vegetable store.**
INQUISITIVE ONE	**And if I want meat and bread?**
POLICEMAN	**To the meat market and the bakery.**
INQUISITIVE ONE	**How about fish and candy?**
POLICEMAN	**You have to go to the fish store and the candy shop.**

| INQUISITIVE ONE | And where do I go if I want cake? |
| POLICEMAN | Well, you must go to the bakery to buy cakes, pies and cookies. |

| INQUISITIVE ONE | And where can I get ice cream or wine? |
| POLICEMAN | To the ice cream parlor and the liquor store...But if you want, you can do all your shopping at the supermarket. |

Dibuje una línea en los artículos que no pueda encontrar en cada una de las tiendas a continuación:

1. Dairy store—butter, cheese, wine

2. Meat market—lamb, oranges, veal

3. Vegetable store—bread, asparagus, grapes

4. Fish store—spinach, trout, tuna

5. Candy store—chocolate bar, tomatoes, candy

6. Bakery—cake, pie, rice

7. Ice cream parlor—ice cream, soda, fish

8. Liquor store—wine, beer, shrimp

Another Verb

El verbo **to get** es interesante. Puede traducir *recibir, obtener, ganar, traer, hacer, poner,* y muchos otros verbos. Puede oír este verbo muchas veces.
Por ejemplo:

(RE-di)
We have to get ready now.
preparar

She went to the store to get some bread.
comprar

(plei)
The children get dirty when they play.
ponerse   jugar

(PRE-sents)
You get presents on your birthday.
recibir regalos   cumpleaños

They get out of the taxi.
bajar

How do we get to the bakery?
¿Por dónde vamos para ir a la panadería?

Suponga que alguien lo detiene en la calle y le pregunta direcciones para ir a la panadería. ¿Puede darle las instrucciones correctas? Use el mapa de la derecha. En este momento la persona está en el lugar marcado en el dibujo.

1. **Go** _____ **past the** _____ .
   derecho   heladería

2. **Continue until you pass the** _____ .
   bodega

3. _____ **, and then turn left.**
   Doble a la derecha

4. **The bakery will be on your** _____ .
   izquierda

5. **If you pass the** _____ **, you have gone too far!**
   verdulería

WEIGHTS AND MEASURES

Pesos y Medidas

(uei)
to weigh
pesar

(ueit)
weight
peso

Para su información, incluimos debajo dos cuadros con la conversión europea/estadounidense de pesos y medidas a la nuestra:

WEIGHT EQUIVALENTS

one pound	=	454 grams
half a pound	=	227 grams
one ounce	=	28.35 grams

LIQUID EQUIVALENTS

one pint	=	0.473 liter
one quart	=	0.946 liter
one gallon	=	3.785 liters

Ahora, ¿puede usted contestar las siguientes preguntas? Use cantidades aproximadas.

(uei)
1. How much do you weigh? _____ .

2. How much water do you drink each day? _____ .

3. What is your best friend's weight? _____ .

4. How many ounces are there in a pound? _____ .

5. How many gallons of gasoline are there in your car? _____ .

Aquí están algunas expresiones útiles que puede necesitar usar cuando compre comida. Escríbalas y dígalas en voz alta:

A dozen _____

Half a dozen of _____   How much does this weigh? _____

A pound of _____   How much per dozen? _____

Half a pound of _____   How much does this cost? _____

A quarter of a pound of _____   That is too much. _____

A gallon of _____

I would like _____
quisera

AT THE GROCERY STORE
En la tienda de comestibles

Pregúntele al empleado por los diferentes artículos presentados en los grabados. Empiece las oraciones como hemos indicado en las preguntas que siguen a los dibujos y termínelas como usted desee.

(sop)
soap
jabón

_____

instant coffee
café instantáneo

_____

a half dozen lemons
                    limones

_____

a can of vegetables
lata   legumbres

_____

a roll of toilet paper
un rollo de papel higiénico

_____

a bag of sugar
una bolsa de azúcar

_____

cherries
cerezas

_____

a dozen eggs
una docena de huevos

_____

a half pound of cherries
media libra de cerezas

_____

a box of cookies
una caja de galletas

_____

(cuart)
a quart of milk
un litro de leche

_____

Comprar comida en los Estados Unidos se hace generalmente una vez a la semana porque aquí todo el mundo tiene un refrigerador. Sin embargo, hay personas que prefieren comprar algunas cosas como frutas y pan todos los días para estar seguros de que están frescos.

1. I would like some _____

2. I need _____

3. We need _____

4. We are looking for _____
        buscamos

5. Do you have _____

The Supermarket
Supermercado

En la mayoría de las grandes ciudades de los Estados Unidos, los supermercados tienen casi todas las clases de comida que una persona puede imaginar. Esta lección trata de fruterías, tiendas de vegetales, dulcerías, pescaderías, carnicerías, estanquillos, etc. Sin embargo casi todos estos artículos pueden ser encontrados en cualquier supermercado y hasta en un buen mercado local.

Por eso una "parada para comprar" es realmente parte de la vida de los suburbios de las grandes ciudades estadounidenses. En las ciudades pequeñas y en los barrios de ciudades grandes usted puede encontrar pequeñas tiendas especializadas en artículos diferentes, como pescado fresco, productos lácteos, etc. Y también puede ir al **farmer's market** (mercado al aire libre).

RESPUESTAS

1. sugar 2. instant coffee 3. a quart of milk 4. soap 5. cherries

Imagínese que usted prefiere no ir al supermercado. En vez de eso, irá a la tienda especializada en los diferentes artículos.¿Qué lugares visitaremos para comprar las cosas mencionadas en las siguientes oraciones? Use los mismos nombres de las tiendas representadas anteriormente en esta sección.

farmer's market

1. We can find rolls and bread at the _____.
   panecillos

2. They sell ham at the _____.

3. If we need fresh strawberries, we can go to the _____.
   fresas

4. They sell whipped cream at the _____.
   nata

5. If we want lobster, we can buy it at the _____.
   langosta

¿Puede hacer preguntas que traigan las siguientes respuestas?

1. They cost 40 cents a pound. _____ .

2. They weigh a quarter of a pound. _____ .

A **drugstore** es algo semejante a nuestra droguería donde se puede conseguir una gran variedad de productos, muchos de ellos no relacionados con necesidades médicas: toallitas de papel para la cara, champú, cosas para el cuidado del cabello, etc.

También usted puede comprar medicinas en la *drugstore*. Aquí se venden medicinas y productos para el cuidado de la salud. Es adonde usted debe ir para conseguir una receta (**prescription**).

AT THE DRUGSTORE
en la droguería

(blo) (DRAI-er)
blow-dryer
la secadora portátil

(com)
comb
el peine

(crim)
cold cream
crema facial

(neil) (PA-ich)
nail polish
esmalte de uñas

(JER-brach)
hairbrush
cepillo de pelo

(TI-chus)
box of tissues
caja de toallitas

(TUT'-brach)
toothbrush
cepillo de dientes

mirror
espejo

(peist)
toothpaste
pasta de dientes

lipstick
lápiz de labios

(sprei)
hairspray
laca para el pelo

(blach)
blush
colorete

mascara
cosmético para
las pestañas

nail polish remover
quitaesmalte

Amanda and Fran go to a drugstore and go to the cosmetics counter. Amanda
looks at herself in the mirror.
        se mira

AMANDA   **I need to buy cold cream and a box of tissues.**

FRAN   **I never use cold cream: it costs too much. Do you**
                                                    demasiado

                usually buy your make-up here? This store is for rich
                                                                    rica

                people, not for poor people, like us!
                        pobre   como

AMANDA   **True, but I can't find good products in our**

                (NEI-bor-jud)
                neighborhood.
                vecindad

181

FRAN Let me tell you **something**. I can't buy things in this
una cosa

drugstore because the prices are too high.
altos

SALESWOMAN Good afternoon, ladies. Can I help you?
Buenas tardes

AMANDA I need a comb, a brush, and some hairspray. I also

would like to buy a toothbrush and some toothpaste.

How much is it?

SALESWOMAN The toothbrush is $2.75 and the toothpaste is $2.25.

FRAN Do you see what I mean? You are going to **spend**
gastar

a lot of money!

AMANDA I would also like to see some make-up: blush, lipstick

and mascara, please. Oh, and some

nail polish remover, too.

FRAN Do you know something? You spend

too much money!

AMANDA **It doesn't matter.** These things are
no importa

not for me—they are for my husband.

FRAN *(con una mirada de asombro)* **What?**

AMANDA Oh, don't misunderstand me!

(BYU-ti-ful)

I mean   that I spend so much money to look **beautiful** for him!
quero decir   tanto dinero   bella

How do I look?

```
TO LOOK = PARECER
```

He aquí otro empleo para el verbo **to look.**

> **You look very well today.**

> **That color looks very good on you.**

¿Puede comprender estas frases?

You look hungry. Do you want to get something to eat?

That dress looks very good on you. Do you want to buy it?

You look tired. Do you want to go to sleep?

¿Puede contestar estas preguntas?

1. Does the color blue look good on you?

_____

2. Do you look tired at the end of the day?

_____

3. Do you look happy when it is a nice day?

_____

4. Do you look sad when your suitcase is lost?

_____

1. Nombre algunas cosas que un hombre puede comprarse en una **drugstore:**

_____

_____

2. ¿Cuáles son dos cosas que las mujeres usan en las uñas?

_____

_____

3. Nombre tres productos de belleza que se usan para la cara, los labios y los ojos: _____

_____

_____

4. ¿Qué usan las mujeres para el pelo? _____

_____

HENRY	**Do you sell fruit here?**
SALESMAN	**No. To buy fruit you have to go to the supermarket or to the vegetable store.**
HENRY	**Do you have cigarettes and lighters?**
	cigarillos encendedores
SALESMAN	**Yes, those I have.**

lighter

_____

cigarettes

_____

deodorant

_____

 electric razor

_____

HENRY

    I also need deodorant, a razor, and some razor
                                    (REI-zer)

    blades. My electric razor doesn't work in this country.
    (bleids)   _(i-lek-trik)_   no funciona

    The electricity is no good here.

razor blades

SALESMAN

    The problem is not with the electricity, it's with your

    razor. You see, you have to buy a converter for your razor.
                                transformador

_____

HENRY

    Oh, no! Another problem!

SALESMAN

    I have an idea: Don't shave! After all, I have a beard,
            (cheiv)   _(bird)_

razor

    and women are crazy about me!
    (KREI-zi)
    locas   por

_____

Llene los siguientes espacios en blanco, usando palabras inglesas:

1. Nombre dos cosas que usted encuentra en una tabaquería:

_____ , _____

2. ¿Qué cosas usan los hombres para afeitarse?

_____ , _____ , _____

3. ¿Qué hay que usar para no ofender a otros, especialmente cuando hace calor?

_____

AT THE PHARMACY COUNTER
En la Farmacia

I believe you are too late!
creo   tarde

aspirin
aspirinia

pills
pastillas

Mary goes to the drugstore to buy a few things. She asks for
algunas

bandages, alcohol, and a thermometer. She tells the pharmacist that
vendas

she has a headache, and he gives her some aspirin. She is putting on
dolor de cabeza   engorda

weight, she **feels sick** in the morning, and she is **nauseous.** The
mareada

pharmacist says, "I think that you need talcum powder, safety pins,

and diapers!"

bandaids
venditas

thermometer
termómetro

talcum powder
talco

safety pins
alfileres de seguridad

diapers
pañales

Aquí están algunas frases útiles para sus pequeños problemas y sus necesidades higiénicas:

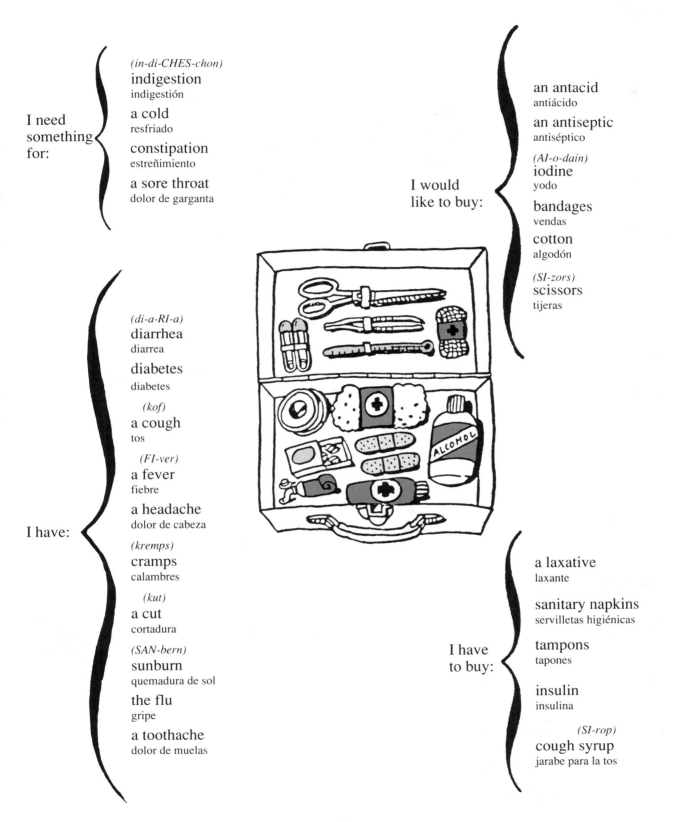

I need something for:

(in-di-CHES-chon)
indigestion
indigestión

a cold
resfriado

constipation
estreñimiento

a sore throat
dolor de garganta

I would like to buy:

an antacid
antiácido

an antiseptic
antiséptico

(AI-o-dain)
iodine
yodo

bandages
vendas

cotton
algodón

(SI-zors)
scissors
tijeras

I have:

(di-a-RI-a)
diarrhea
diarrea

diabetes
diabetes

(kof)
a cough
tos

(FI-ver)
a fever
fiebre

a headache
dolor de cabeza

(kremps)
cramps
calambres

(kut)
a cut
cortadura

(SAN-bern)
sunburn
quemadura de sol

the flu
gripe

a toothache
dolor de muelas

I have to buy:

a laxative
laxante

sanitary napkins
servilletas higiénicas

tampons
tapones

insulin
insulina

(SI-rop)
cough syrup
jarabe para la tos

187

19 | The Laundry and the Dry Cleaner's

(LON-dri) *(drai)* *(KLI-nerz)*

La Lavandería y la Tintorería

(UA-ching) *(ma-CHIN)*
washing machine
la lavadora

(DRAI-er)
dryer
la secadora

Aunque los servicios de lavado en seco no son un problema pues en los Estados Unidos hay muchas tintorerías, usted puede tomar el camino más fácil de empacar solamente ropa **wash-and-wear** (inarrugable). Además la mayoría de los hoteles ofrecen servicios de lavado de ropa incluyendo planchado y remiendo por precios muy razonables. Para el turista que está siempre de un lado para otro, esta solución es la mejor porque le da más oportunidades de ver o visitar diferentes lugares sin la inconveniencia y el fastidio de hacer su propio lavado.

LAUNDROMAT
(LON-dro-met)

Susana, una alumna extranjera de intercambio estudiantil, va a lavar la ropa por primera vez en el establecimiento de lavadoras automáticas. Afortunadamente para ella, una señora con varios niños también está haciendo su lavado.

SUSANA
Excuse me, can you please help me?
How much detergent do I
detergente

detergent
detergente

put in the machine to wash my lingerie?
(lan-cher-EI)
ropa blanca

LADY
Well, only half a cup for so little.

basket
cesto

SUSANA
(pensando) **It is not enough.** *(Pone dos tazas llenas y la espuma empieza a desbordarse.)*

LADY   *(alarmada)* **Only half a cup! If you use**
             (yus)

        (yul)
        more, you'll have problems.

Susana finalmente está lista para secar la ropa. Otra
muchacha joven, una estudiante, está en la vecindad.

dryer
secadora

SUSANA   **Can you tell me how many coins I have**
                           monedas

        to put in the dryer to use it? By the way,
        meter   a propósito

        where is the slot?
        ranura

        (La secadora no empieza a funcionar.)

clothesline
cordel

to hang clothes
tender la ropa

STUDENT   **You have to press this button. Then the**
             apretar   botón

        machine starts and it dries your clothes.
                       seca

SUSANA   **This is the first time I am washing my**
                vez   lavo

        clothes at a laundromat. My mother

        always does my laundry at home.

STUDENT   **Oh, are you a new student here? I am in**

                (CA-lech)
        the third year at the college.
                   universidad

clothes pins
pinzas

SUSANA   **Are you a student, too? How wonderful!**

               (tok)
        Can we get together to talk? I would like
        juntarnos

        to ask many questions about college life.
                     sobre   vida

ironing board
tabla de planchar

iron
plancha

Trate de contestar las preguntas siguientes:

1. At the laundry, what two machines do you have to deal with?
_____

2. What does the washing machine do? The washing machine _____ your clothes.

3. What does the dryer do? The dryer _____ your clothes.

4. Besides clothes, what must you put in the washing machine? _____

5. What must you put in the washing machine slot? _____

6. Where do we put the coins? We put the coins in the _____.

THE HOTEL: THE LAUNDRY AND THE
Lavado de ropa
DRY CLEANER'S
Lavado en seco

Si usted decide no usar las lavadoras automáticas y usar los servicios de lavandería y tintorería del hotel, usted necesitará saber las siguientes expresiones. Trate de escribirlas en los espacios en blanco y repítalas en voz alta:

Do you have laundry service? _____

I have clothes to wash. _____

(so)
Can you sew a button on this shirt for me? _____
coser

(sliv)
Can you mend the sleeve of this blouse for me? _____

RESPUESTAS
1. washing machine, dryer   2. washes   3. dries   4. detergent   5. coins   6. slot

190

I don't want starch in my underwear! _____
    almidón

Can you iron this shirt again? _____
                otra vez

Can you take this suit to be dry-cleaned? _____
    llevar

Can you take out this stain? _____
    quitar   mancha

Can I hang wet clothes in the bathroom? _____
    tender   mojada

(kom-PLEINTS)

COMPLAINTS

Las quejas

John always sends his clothes to the hotel laundry and dry cleaner's.
        manda

However, this time there are problems. There is a mix-up, and many of
sin embargo   equivocación

the clothes that they return to him belong to another person. He goes to the
        que

manager to complain. In the first place, he never wears a bra or pantyhose.
gerente   complain.   en primer lugar   sostén   pantimedias

Besides, his shirts have too much starch, and one of them is completely ruined; it is scorched.
además   destrozada   chamuscada

He is also missing two socks — one is red and the other is green. The suit that **is back** from the
faltan   devuelven

dry cleaner's still has a stain on the sleeve. He has a right to complain, doesn't he?
todavía

¿Cómo se quejaría usted sobre tales cosas? Usted querría usar algunas de las siguientes frases o expresiones. Escríbalas y dígalas en voz alta:

I have a complaint. _____

There has been a mix-up. _____

These clothes belong to someone else. _____

This shirt has too much starch. _____

My clothes are ruined. _____

This shirt is scorched. _____

A button is missing. _____

There is a stain on these pants. _____

I am missing a pair of socks. _____

Haga un círculo en las frases y palabras de cada una de las oraciones siguientes para expresar sus quejas cuando trate con la lavandería y la tintorería. Más de una respuesta puede ser posible algunas veces.

1. This shirt is missing: a clothesline, a stain, a button.

2. This shirt is: ruined, scorched, closed.

3. There is a   button, washing machine, stain   on my suit.

4. I am missing, I like, I call   my underwear.

5. This shirt has too much   cotton, starch, rouge.

6. These suits   belong to someone else, are ours, are pretty.

192

The Beauty Parlor

Usted puede querer arreglarse el pelo mientras viaja. Esperamos que no le pase nada semejante a esto.

(Josephine va a la peluquería como todas las semanas.)

permanent
permanente

BEAUTICIAN **What would you like, madam?**
(peluquero)

                             (TOCH-op)

JOSEPHINE   **A wash and set, please, and a touch-up.**   **hair wash**
            lavado   peinado   retoque   lavar el pelo

                      (FEI-chel)

   And can I also have a facial and

   a manicure?

facial
masaje facial

193

BEAUTICIAN   You have a dark complexion and your
(kom-PLEK-chon)
morena

hair is also dark. What color would

you like the rinse? The same color, or
enjuague   mismo

a little darker?
más oscuro

JOSEPHINE   A little lighter, please. I want curls on
(LAI-ter)   *(kerlz)*
más claro   rizos

the sides and waves on top. Can you
(saidz)   *(ueivz)*
a los lados   ondas   arriba

cut a little in the back? I don't like
por detrás

long hair.
largo

(Una hora más tarde el peluquero cepilla el pelo de Josephine y ella se mira en el espejo.)

JOSEPHINE   Oh, my goodness! I am a blonde, and
(bland)
rubia

my hair is very short!
(chort)
pelo   corto

manicure
manicura

_____

shampoo
champú

_____

rollers
rulos

_____

to brush
cepillar

_____

hairbrush
cepillo

_____

I would like to make an appointment for tomorrow.
                                turno

_____

                        (JER-kat)
I need a haircut.
            corte de pelo

_____

Don't put hairspray on my hair.

_____

I want bangs.
            flecos

_____

I wear my hair in a bun.
                        moño

_____

Cuando usted esté en la peluquería, tal vez desee secarse el pelo: **Can you please dry my hair with a blow-dryer?**

Si usted no quiere que el peluquero le quite mucho pelo, sólo diga: **Just trim it** (recórtelo) **a little bit.**

Para tener el pelo con mechas diga: **I want my hair frosted**.

Si desea que le hagan trenzas, pida: **I want my hair braided.**

Para tener un permanente suave, necesita decir: **Please give me a body wave.**

Es costumbre dar una propina a cada una de las personas que le hacen algo en el pelo igual que a la manicurista.

195

The Barbershop
La barbería

Nota:
En los Estados Unidos,
se usa **beauty parlor**
para decir peluquería,
y **barbershop** para
barbería.

Practique las nuevas palabras escribiéndolas en los espacios siguientes:

to shave
afeitar

clippers
maquinilla

to shave oneself
afeitarse

_____ _____ _____

Anthony goes to the barbershop because he needs a haircut. First the barber shaves Anthony
(SAID-berns)
and then he trims his beard, his moustache and his sideburns with clippers. Later he washes
bigote
Anthony's hair and gives him a haircut. Anthony likes his hair very short, and the barber cuts
(a-SLIP)
a lot off the top and the back. Anthony is very tired, and he falls asleep in the chair. The
se duerme   asiento
(FAI-na-li)
barber cuts more and more hair. Finally he says, "That's it, sir." Anthony looks at himself in
ya está
(bold)
the mirror and he sees that he is bald. "How much do I owe you?" he asks. The barber says,
¿cuánto le debo?
"You can pay me for six haircuts — I think that you won't come back very soon!"
pronto

razor
navaja

scissors
tijeras

bald
calvo

_____ _____ _____

to comb
peinar

to style
peinar a la moda

_____

_____

haircut
corte de pelo

to trim
recortar

_____

_____

to cut
cortar

moustache
bigote

_____

sideburns
patillas

beard
barba

_____

_____

En inglés, cuande se afeita, puede decir **I shave *myself,*** o simplemente **I shave.** Y para **to comb** (peinarse), diga **I comb my hair.**

¿Puede contestar estas preguntas?

1. Does the barber shave you, or do you shave yourself?

_____

2. Does the beautician comb your hair, or do you comb you hair yourself?

_____

3. Does the beautician wash your hair, or do you wash your hair?

_____

When you *don't* want something. . .

Ya sabe hacer demandas en inglés. Ahora vamos a aprender las demandas negativas.

Usamos el verbo **to do**. ¿Recuerda este verbo? Es muy importante en el negativo con las demandas también.

Please cut my hair very short.
Please *don't* cut my hair very short.

Escriba las demandas debajo en el negativo.

1. Trim my beard. _____

2. Bring me some wine. _____

3. Close the door. _____

4. Carry the suitcase. _____

Y ahora, escriba estas demandas negativas en la forma afirmativa.

5. Don't give me more soup. _____

6. Don't wash the clothes. _____

7. Don't turn left here. _____

8. Don't try on the red dress. _____

21 The Newsstand and the Stationery Store ⏱

(NUS-tend)   *(STEI-chen-e-ri)*

El quiosco y la papelería

newsstand
quiosco

stationery store
papelería

(to-BAK-o)

tobacco store
tabaquería

AT THE NEWSSTAND

En el quiosco

(NUS-pei-perz)

YOUNG MAN   **Excuse me. Do you have newspapers in Spanish?**

OWNER   **Yes, we have several from Spain and Latin America.**

YOUNG MAN   **I would also like to buy some postcards.**

(vyuz)

OWNER   **Here are some nice views of the city.**
         vistas

newspaper
periódico

YOUNG MAN   **Do you sell airmail stamps?**
        sellos   aéreos

OWNER   **No, but you can buy them at the post office.**

199

YOUNG MAN And cigarettes? I would like to buy a pack of
cajetilla
American cigarettes.

OWNER You can get them at the stationery store or at the
tobacco shop.

YOUNG MAN And do you have some magazines with photos?
(fo-tos)
Playboy, for example? It is not for me; it is for
my grandfather.

OWNER *(con las cejas levantadas)* Yes, of course.
por supuesto

YOUNG MAN I will take the newspaper, the postcards and the
llevar

magazine. How much do I owe you?
le debo

OWNER *(I-ven)*
Three dollars even. Thank you, and have a
exacto

nice day.

(EIR-meil)
airmail stamps
sellos aéreos

(ma-ga-ZIN)
magazine
revista

postcards
tarjetas postales

a pack of cigarettes
cajetilla de cigarrillos

Trate de leer varias veces en voz alta la conversación entre el joven y el dueño del quiosco. Cuando usted esté seguro de su significado, vea si puede llenar los espacios en blanco con las palabras que faltan:

1. YOUNG MAN   Excuse me. Do you have _____ in English?

2. OWNER   Yes, we have several from _____ and _____.

3. YOUNG MAN   I would also like to buy some _____.

4. OWNER   Here are some _____ _____ of the city.

5. YOUNG MAN   Do you sell airmail _____?

6. OWNER   No, but you can buy them at the _____ on the corner.

7. YOUNG MAN   And cigarettes? I would like to buy a _____ of American _____.

8. OWNER   You can get them at the candy store or at the _____.

9. YOUNG MAN   Do you have some _____ with photos? *Playboy,*

      _____ _____. It is not _____ me; it is for my _____.

10. OWNER   Yes, _____ _____.

11. YOUNG MAN   I will _____ the newspaper, the postcards and the magazine. How

      much _____ _____ _____ _____ ?

AT THE STATIONERY STORE

En la papelería

ballpoint pen
el bolígrafo

(BOL-point)

If I need a ballpoint pen and a pencil, I go to the stationery store. If
    bolígrafo   lápiz

_____

I want to write a letter, I use stationery, and I put the letter in an
             carta   papel de escribir

pencil
el lápiz

(EN-ve-lop)   *(NOT-buks)*
envelope. They also sell notebooks at the stationery store. I can
sobre

write notes in a notebook or on a notepad.
      cuaderno   bloc de papel

_____

stationery
papel de escribir

_____

envelope
sobre

_____

(rep) *(PEK-ech)* *(teip)*
If I want to wrap a package, I need tape, string and wrapping paper.
envolver paquete   papel de envolver

In order to ask for something, I say, "I would like to buy...," or
para   algo

notepad
bloc de papel

"Excuse me, do you have...?"

_____

notebook
cuarderno

_____

tape
cinta adhesiva

_____

string
cuerda

_____

¿Puede contestar las siguientes preguntas sobre la papelería?

1. ¿Qué dos cosas puede usted usar para escribir?

   A _____ and a _____ .

2. Cuando escribe una carta, ¿en qué escribe?

   On _____.

3. ¿Qué tres cosas usa para envolver un paquete?

   I use _____, _____ and _____ .

4. ¿Dónde pone la carta antes de enviarla?

In an _____ .

5. ¿En qué dos cosas puede escribir apuntes?

In a _____ or on a _____ .

En inglés, es necesario tener cuidado con estos dos verbos:
TO WAKE UP y **TO GET UP**. **To wake up** significa "despertarse;" **to get up** significa "levantarse."

TO WAKE UP

I wake up
    yo me despierto
	We wake up
	        nosotros nos despertamos

You wake up
    tú te despiertas
    usted se despierta
	You wake up
	        ustedes se despiertan

He wakes up
She
    él
    ella se despierta
	They wake up
	
	        ellos
	        ellas se despiertan

TO GET UP

I get up
    yo me levanto
	We get up
	        nosotros nos levantamos

You get up
    tú te levantas
    usted se levanta
	You get up
	        ustedes se levantan

He gets up
She
    él
    ella se levanta
	They get up
	
	        ellos
	        ellas se levantan

Ahora trate de contestar estas preguntas:

1. What time do you wake up?

_____

2. Do you eat breakfast when you get up?

_____

3. What time do you get up on Sundays?

_____

(E-si-li)
4. Do you wake up easily?

_____

5. Do you like to get up early or late?

_____

Mire el mapa de las calles en la próxima página. Un turista español está parado en el lugar indicado. Está desesperado por un cigarrillo pero no le queda ninguno. Un amigo estadounidense le dio un paquete de cigarrillos norteamericanos. El turista se está muriendo por un cigarrillo español que tiene un aroma más fuerte. El va a la barbería al otro lado de la calle para pedir las direcciones a la **tobacco shop** más cercana. Suponga que usted es el barbero. Trate de dar las direcciones necesarias para que el turista llegue a la **tobacco shop**.

¿Puede seguir con un lápiz esta ruta en el mapa?

Start here

1. _____ **(Seguir) to the right along this street to the corner where the dry**
por

  cleaner is.

2. **Then, _____ (doblar) to the left and _____ (caminar) straight**
derecho

  (a-JED)   *(in-ter-SEK-chon)*
  ahead. At the first intersection there is a pharmacy.

3. _____ **(Pasar) the pharmacy and _____ (continuar) one block to**
manzana

  the next intersection.

4. **Then _____ (doblar) right.**

5. **At the next corner, _____ (tomar) the street on the left.**

6. _____ **(caminar) straight ahead.**

7. _____ **(doblar) to the left at the first intersection and _____**

  (continuar) to the end of the street. The tobacco shop is on the corner at the left.

THE JEWELER

JEWELER   **How can I help you, sir?**

CUSTOMER   *(BREI-slet)*
I would like to buy something for my wife. A bracelet or perhaps a gold ring.
brazalete   tal vez   anillo de oro

JEWELER   **I can show you these bracelets and these silver rings.**

CUSTOMER   **No, I don't like silver; I prefer gold.**
plata

JEWELER   *(NEK-les)*
Are you interested in a pin? Or, perhaps a necklace?
prendedor   collar

CUSTOMER   *(Ir-rings)*
No... Can you show me some earrings?
aretes

JEWELER   *(SER-ten-li)*
Certainly. Perhaps you would like these pendant earrings.
pendientes

CUSTOMER   *(chein)* *(tu)*
Yes, and a ring and a gold chain, too.
cadena

206

JEWELER	**Excellent—the earrings, this ring and this chain all match.** *(mech)*
	hacer juego

CUSTOMER	**Very good. I'll take them. How much do I owe you?**
	los llevo

JEWELER	**$500.**

CUSTOMER	**$500! That's too much!** (*Tocando en forma sospechosa el bolsillo de su chaqueta*): **Hands up!**
	¡manos arriba!

Practique escribiendo las nuevas palabras en los espacios debajo de los dibujos:

bracelet
brazalete

_____

earring
arete

_____

(broch)
pin, brooch
prendedor

_____

pendant earring
pendiente

_____

necklace
collar

_____

chain
cadena

_____

ring
anillo

_____

Trate de contestar las siguientes preguntas:

(UI-men)   *(FIN-guers)*
1. Can you name the jewelry women wear on their fingers?

_____

2. What do women wear on their ears?

_____

3. What two things do women wear around the neck?

_____

(rist)
4. What is worn on the wrist?

_____

THE WATCHMAKER

alarm clock
reloj despertador

_____

wristwatch
reloj pulsera

_____

watchmaker
relojero

watchmaker's shop
relojería

_____

Practique escribiendo las nuevas palabras, llenando los espacios debajo de los dibujos. Cuando haya hecho esto, lea en voz alta las oraciones siguientes, que pueden ayudarle cuando usted visite al relojero. Después que las haya practicado en voz alta, trate de escribirlas en los espacios en blanco:

(ri-PER)
Can you repair this watch?
reparar

_____

(clin)
Can you clean it?
limpiarlo

_____

My watch is fast.
se adelanta

_____

(slo)
My watch is slow.
se atrasa

_____

(stapt)
My watch stopped.
parado

_____

My watch doesn't work.
no anda

_____

209

The Beginning and the End of the Day

TO GET UP, TO WAKE UP = LEVANTARSE   TO GO TO BED = ACOSTARSE

Estos verbos son muy importantes todos los días. ¿Recuerda el verbo **to get**? Aquí tenemos.

> **I wake up every morning at six o'clock.**
> **I don't get up until seven thirty**
> **I go usually to bed at eleven o'clock.**
> **When I am on vacation, I don't go to bed until one or two o'clock in the morning.**

¿Puede contestar estas preguntas?

1. When do you usually wake up in the morning?

_____

2. Do you go to bed when you are sleepy?

_____

3. Do you go to bed at the same time every day?

_____

Trate de leer el siguiente párrafo para ver si usted lo comprende fácilmente. Usted puede querer referirse a las oraciones anteriores sobre la relojería:

My wristwatch doesn't run well. One day it is fast, the next day it is slow.

(uaind)
Today it stopped completely and I can't wind it. I am going to take it to
　　　　　　　　　　　　　　darle cuerda　　　　　　　　llevarlo

the watchmaker's and the watchmaker will repair it. He will also clean it.

(ri-CIT)
If I have to leave it, the watchmaker will give me a receipt.
　　dejarlo　　　　　　　　　　　　　recibo

¿Puede llenar los espacios siguientes con las nuevas palabras que ha aprendido?

1. My watch doesn't _____ well; one day it _____ , the next day it _____ .

2. Cuando usted siempre llega temprano a las citas, ¿cuál puede ser el motivo?

   My watch _____ .

3. Cuando las manecillas del reloj no se mueven, ¿cómo describe el problema?

   My watch is _____ .

4. ¿Qué hace usted diariamente para mantener su reloj caminando?

   I _____ .

5. ¿Adónde lleva su reloj para arreglarlo?

   I take my watch to _____ .

6. ¿Cómo se llama la persona que arregla el reloj?

   _____ .

7. Cuando deja su reloj, ¿qué le da el relojero?

   He gives me a _____ .

23 The Gift Shop, The Music Store,
La tienda de artículos de regalo,   de música,

The Photography Shop
de fotografía

AT THE GIFT SHOP

SALESMAN | **Can I help you?**
puedo ayudarle

TOURIST | **I am looking for a gift...**
something typically American, a
típicamente

(su-ve-NIR)
souvenir from the United States.
recuerdo

SALESMAN | **For a man or a woman?**

TOURIST | **For a woman.**

too expensive!

SALESMAN | **Perhaps a scarf? A leather purse? Perfume?**
bufanda   bolsa de cuero

TOURIST | **How much is the silk scarf?**

SALESMAN | **Fifty dollars.**

TOURIST | **Can you show me another? A less expensive one?**

SALESMAN | **Of course. This cotton scarf costs much less — $12.**
por supuesto

TOURIST | **That is still too much!**
todavía

SALESMAN | **But, madam, in your country a scarf like this one would cost**

(tuais)
twice as much. You can sell it and you will double your money!
doble   doblar

TOURIST | **In that case, I am going to take a dozen!**
caso

gift
regalo

212

Escriba las palabras debajo de los grabados:

rug
alfombra

silverware
vajilla de plata

_____

_____

scarf
bufanda

ring
anillo

purse
bolso

_____

_____

_____

wallet
cartera

painting
pintura

charm
dije

_____

_____

_____

key ring
llavero

receipt
recibo

perfume
perfume

_____

_____

_____

AT THE MUSIC STORE
En la tienda de música

Mr. López likes classical music very much, but he

doesn't have too much money. Every Saturday he takes
dinero   todos

the bus or the subway and he goes to a record store in
disco

another section of the city. He chooses three or four
escoge

records, goes to a booth and listens to the music
cabina   escucha

of his favorite composers for two or three hours. Then he returns home very happy.
  compositores

However, when he gets there, he hears another kind of music coming from his neighbor's *(NEI-bors)*
  sin embargo   oye   saliendo de   vecino

house. It is his neighbor's son's rock group. This is a nightmare for poor Mr. López, *(rak) (grup)*
                                  conjunto   pesadilla

who is a fan of Mozart and Beethoven. *(NAIT-mer)*
  aficionado

music store
tienda de música

radio

television
televisor

_____   _____   _____

CD player
tocadiscos

video cassette recorder
grabadora de video

tape recorder
grabadora

_____   _____   _____

video cassette
casete de video

cassette
casete

_____   _____

214

compact discs (CDs)
discos compactos

_____

classical music
música clásica

_____

popular music
música popular

_____

Nota: **To listen** and **to listen to** quieren decir "escuchar." En inglés se usa **to** después de **listen** cuando nos referimos a la música, la radio, una persona, etc. Por ejemplo: **I like to listen to classical music**, **I listen to my teacher**, pero **I listen carefully**.

Conteste **True** o **False**:

1. Mr. López likes rock music. _____

2. Mr. López is very rich. _____

3. Every Saturday he goes to the grocery store. _____

4. On Saturdays he listens to classical music. _____

5. Mr. López goes to the same store every week._____

6. Mr. López returns home very happy. _____

7. When he returns home he hears his favorite music. _____

8. His neighbor's son has a rock group. _____

Los jóvenes de todo el mundo escuchan **rock music**. Los grupos más populares tienen **fans** (aficionados) por todas partes. Los jóvenes van a **rock concerts** (conciertos) y son muy felices allí. O tocan los discos en casa.

Pero **rock music** es muy fuerte.

Y muchas veces los padres no son felices.

Do you like rock music?

Or do you prefer classical music?

SALESMAN	**What can I do for you?**
OLD MAN	*(jit)* **I would like to buy a hit song. It is for my grandson.** último éxito nieto
SALESMAN	**Does he like classical music? Country music? Or is he a rock fan?**
OLD MAN	**He likes only rock music.**
SALESMAN	**Then you should get this record.**
	It is a big hit with young people this year.
OLD MAN	**OK, I am going to take it...but, personally, I can't stand that** personalmente aguantar

kind of music! They always play it
la tocan

(laud)   *(IR-mafs)*
too loud! Oh, do you also sell earmuffs?
fuerte   orejeras

PHOTOSHOP
la tienda de fotografía

Sacar fotos es una de las partes más importantes de los viajes; por eso, **Go ahead** ¡Adelante con su cámara!

(di-VEL-op)

OLD TOURIST **Can you develop this roll of film?**
carrete de película

(slaidz)

SALESMAN **Do you want slides?**
transparencias

OLD TOURIST **No, only prints.**
impresiones

SALESMAN **You can come by to pick them up the day**
pasar por aquí   recogerlas

after tomorrow. Here is your receipt.
pasado mañana

photographer

OLD TOURIST **I would also like to buy a roll of 35 millimeter**
milímetros

(ex-PO-chers)

film with 24 exposures. There are so many pretty girls on the street today and I
tantas   bonitas

(PIC-chers)

want to take their pictures! I am going home now to look for my camera.
sacarles fotos

film
carrete de película

print
impresión

enlargement
ampliación

_____

_____

_____

slides
transparencias, diapositivas

camera
cámara

battery
pila

_____

_____

_____

photoshop

_____

Let's . . .
Vamos a . . .

Por "vamos a" en inglés decimos **Let's** (la contracción para **let us**). ¿Desea caminar por la calle?
Decimos:

Let's go for a walk.

¿Puede usar **Let's** en estas situaciones?

1. ¿Desea comprar un periódico?

_____

2. ¿Desea viajar en tren?

_____

3. ¿Desea sacar las fotos?

_____

(ac-QUEIN-ted)   *(UO-quing)*

To get acquainted with a foreign city you have to do a lot of walking. For example, you
conocer bien   extranjera

might want to visit the important monuments in different parts of the city. These are things

(a-PRI-chi-eit)

that you cannot **appreciate fully** from a bus or a taxi. Since you have to walk so much, you
apreciar completamente desde

(jert)

must wear a comfortable pair of shoes. If your **feet hurt,** how can you walk a lot? In this
cómodo   duelen

(keis)

case, you have to talk to the shoemaker.
situación   zapatero

Escriba **True o False** después de cada informe:

1. To get acquainted with a foreign city, it is necessary to run (correr) a lot. _____

2. The important monuments are all in the same part of the city. _____

3. It is good to get acquainted with a city by bus. _____

4. In order to walk a lot, you must wear comfortable shoes. _____

5. The shoemaker works in the bakery. _____

AT THE SHOEMAKER'S
En la zapatería

| **shoemaker** | **shoelace** | **sandal** | **shoes** |
| zapatería | cordón | sandalia | zapatos |

WOMAN — **Good afternoon. Can you repair this shoe? The heel is broken.**
(jil)
tacón   roto

SHOEMAKER — **No, I'm sorry, but it is plastic and it is impossible to repair it. I**
(SA-ri)
lo siento

can put another heel on it, if you want. When do you need these shoes?
ponerle

WOMAN — **Tomorrow, if possible. I am only going to be here until the day**

after tomorrow. I am a tourist.

SHOEMAKER — **Come back tomorrow, after 4:00 but before 8:00. I close at 8.**
después   antes   cierro

By the way, how is it possible to break a heel like this?
a propósito   romper

WOMAN   **I am a Flamenco dancer, and at times I stamp my feet too hard!**
                        a veces   doy pisadas fuertes

¿Puede dar las palabras que faltan de la conversación anterior?

1. The woman's _____ is broken.

2. The broken heel is made of _____.

3. The shoemaker cannot _____ the broken heel.

4. The woman will only be in the city until _____.

5. She must pick up her shoes tomorrow _____ 4:00.

6. The shoemaker _____ the store at 8:00.

7. The woman is a Flamenco _____.

8. At times she stamps her feet too _____.

Consulte los dibujos anteriores. Luego díganos a continuación el nombre de las tres cosas que usted puede encontrar en la zapatería:

_____, _____, _____.

AT THE OPTOMETRIST'S

En la tienda del optometrista

optometrist	broken glasses	lens	*(freim)* **frame**
optometrista	las gafas rotas	lente	montura o armadura

_____   _____   _____   _____

TOURIST — **The frame and one of the lenses are broken. Don't you see?**

OPTOMETRIST — **Very well. Calm down. You can sit down here. I can repair your**
(cam) cálmese *(daun)* sentarse

glasses in a few minutes if you have the prescription for the lenses.
(fyu) pocos *(pre-SKRIP-chen)* receta

TOURIST — **Unfortunately, I don't have the prescription.**
(on-FOR-chu-net-li) desgraciadamente

OPTOMETRIST — **Then, I am sorry, but I cannot help you. Don't you have**
ayudarlo

other eyeglasses or contact lenses?
(AI-gles-es)

TOURIST — **Other glasses, no — but I do have a contact lens. But only one lens!**
pero

OPTOMETRIST — **Then you can put the contact lens on one eye and close the**
ojo

other eye! That way you will see well.

ESSENTIAL SERVICES

Servicios Esenciales

25	**The Bank** El banco

En el dinero de los Estados Unidos, 100 **cents** (pesetas) = 1 **dollar** (dólar).

En los Estados Unidos, los billetes más comunes son $1, $5, $10, $20, $50 y $100. Hay más grandes denominaciones, pero son usados muy poco. Tenga cuidado, porque todos los billetes son iguales en medida y color. Es importante mirar el valor del billete.

PETER   **When I buy things, I always give the clerk a bill, and he gives me change. Now I have all these coins, and I don't know how much money I have!**

PAUL   **Well, let's count the coins. Then you will know.**

PETER   **These big silver ones are quarters. I know them, because you use them in the telephones.**

(koinz)   *(bilz)*
Coins and bills
monedas   billetes

(sent)   *(PE-ni)*
cent o **penny**   =   **1 cent**

(NI-kel)
nickel   =   **5 cents**

(daim)
dime   =   **10 cents**

(QUAR-ter)
quarter   =   **25 cents**

(DA-ler)
dollar   =   **100 cents**

PAUL	Four quarters equal one dollar. You have eighteen quarters, so you have four dollars and fifty cents there.
PETER	These silver ones in the middle are nickels. They are worth five cents, right?
PAUL	Right. You need twenty of them to equal one dollar. How many do you have?
PETER	I have only fifteen of these. That is. . . seventy-five cents!
PAUL	And what about the small silver coins?
PETER	These are dimes. There are ten dimes in a dollar. I have twenty-six of them, so I have two dollars and sixty cents.
PAUL	And finally, the pennies. How many of them do you have?
PETER	The clerk always gives me lots of pennies in change. Let's see. . . I have forty-three pennies. That is forty-three cents.
PAUL	Now, if we add it all together, you have eight dollars and twenty-eight cents.
PETER	Let's take it to the bank and ask for bills instead. This change is too heavy!

224

THE BANK, CURRENCY EXCHANGE, TRAVELERS' CHECKS

El banco, el cambio, los cheques de viajero

Aquí están las palabras que usted debe saber para cualquier cosa que usted tenga que hacer en el banco. Trate de escribirlas y después dígalas en voz alta.

People and Things

Gente y cosas

travelers' checks
cheques de viajero

bank employee
empleado de banco

cash
contante

teller's window
caja

teller
cajero

money
dinero

(di-PA-sit)
deposit slip
boleta de depósito

(uit-DRO-ual)
withdrawal slip
boleta de retiro

loan
préstamo

manager
gerente

checkbook
libreta

bank
banco

Cómo . . .

How to . . .

(ex-CHENCH)
exchange
cambiar

(reit)
rate of exchange
tasa del cambio

pay
pagar

cash a check
cobrar un cheque

deposit
depositar

withdraw
retirar

open an account
abrir una cuenta

(sain)
sign
firmar

Vea si puede recordar estas cosas útiles. Compruebe las palabras apropiadas que describen los siguientes grabados:

1. the money
   the cashier's window

2. the checkbook
   the cash

3. the manager
the bankbook

_____

4. the teller
the manager

_____

5. the deposit slip
the withdrawal slip

_____

6. the cash
the travelers' check

_____

Trate de completar las siguientes oraciones:

1. I would like to _____ (cambiar) Mexican pesos.

2. I would like to _____ (cobrar) a check.

3. I would like to _____ (retirar) fifteen thousand dollars.

4. I would like to _____ (depositar) eighty dollars.

Ahora lea varias veces la siguiente conversación en voz alta. Puede ser útil cuando necesite cambiar algunos cheques de viajero. Recuerde, hágalo en un banco y ahorre un poco de dinero.

Mr. and Mrs. López go into a bank because they want to exchange some travelers' checks for (por) dollars.

MR. LOPEZ   **Good morning, sir. My wife and I have just arrived in New York. We**
                                     acabamos de llegar

                need to exchange some travelers' checks. We are going to have a

                          (NAIT-klub)
                good time at a nightclub tonight.
                divertirnos   esta noche

TELLER	I need to see your passport.
MR. LOPEZ	Why?
TELLER	**To identify you.**
	identificarlo
MR. LOPEZ	I would like to exchange 3000 pesetas. What is the rate today?
	cuál
TELLER	I don't know, sir, but I will ask the manager. He will know.
MR. LOPEZ	Can you exchange the checks?
TELLER	Well, since I don't know the **rate of exchange,** I don't
	tasa de cambio

know whether we have enough money in the bank!
si tenemos

Ahora, llene las partes que faltan del diálogo anterior.
¿Tiene que echar una mirada rápida?

Good morning, sir. My wife and I _____ arrived in New York.

We need _____ some _____ checks. We are going to

_____ at a _____ club tonight.

I need _____ your passport.

Why?

To _____ you.

I would like to exchange 3000 pesetas! What is the _____ today?

I don't know, sir, but I will ask the _____ . He will know it.

Can you exchange the _____?

I don't know if we have _____ money in the bank.

Mr. López has just arrived at the bank. He wants to deposit a $500 check in his account.
cuenta

Then he wants to exchange 20,000 pesetas for dollars. The teller gives him a deposit slip,

which he has to sign.
que

¿Puede escoger las contestaciones correctas a continuación?

1. Who has just arrived at the bank?   the teller,
                                             Mr. López

2. What does Mr. López want to do?   deposit money,
                                             withdraw money

3. What else does he want to do?   deposit 20,000 pesetas,
                                             exchange 20,000 pesetas

4. What does the teller give him?   a check,
                                             a deposit slip

5. What does Mr. López have to do?   sign it,
                                             leave

How do we say "have (has) just done something"?

¿Cómo decimos "acabar de hacer algo"?

TO HAVE + JUST + PARTICIPIO PASADO

Ejemplo: **I have just arrived.**
              Yo acabo de llegar.

              She has just eaten.
              Ella acaba de comer.

Usando este modelo, ¿puede escribir lo siguiente en inglés?

Acabo de venir. _____

Acabamos de comprar una casa. _____

Ella acaba de salir. _____

Ustedes acaban de hablar. _____

(em-BI-chon) *(laif)* *(MEL-man)* *(pri-TENDS)*

Joseph has a great ambition in life. He wants to be a **mailman.** Every day Joseph pretends
vida cartero finge

he is a mailman, but he has no letters to deliver. One day Joseph goes to his older sister's
mayor

(streinch)

bedroom and he opens a big box full of strange things. There is a package of letters in the
abre caja curiosas cosas

(YU-ni-form)

box. He takes them and he goes into the street in his mailman's uniform. He goes from
de

(dor)

door to door and he **leaves** one of the letters at each neighbor's house. When he
deja

(ril)

returns home he tells his sister that he feels like a real mailman now.

He explains to her that today all the neighbors have **an interesting letter**
explica

from her box. "But, how could you do that?" asks his sister.

(lov)

"They are love letters that my
amor

(BOY-frend)

boyfriend Ralph writes to me!"
novio

Las cartas entre los Estados Unidos y Europa o Sudamérica siempre deben ser enviadas por correo aéreo. De otra forma, demorarán mucho en llegar. Hasta con servicio aéreo usted debe calcular que las tarjetas y las cartas demorarán cerca de dos semanas en llegar. Para el turista que está de viaje, es prudente escoger una o dos ciudades importantes como base de operaciones, por ejemplo, New York y Chicago.

Para comunicación rápida puede comunicarse por correo electrónico si tiene una computadora personal. Si usted necesita enviar una copia de un documento importante puede usar un fax. Pero lo mas fácil es llamar por teléfono. Las tarifas en ciertos días y a ciertas horas son económicas y no tiene que preocuparse con demora o pérdida de información.

mailman
cartero

_____

fax machine
la máquina de fax

_____

mailbox
buzón

_____

window
ventanilla

_____

package
paquete

_____

mail   **postcards**
correo   tarjetas postales

_____

Alfredo quiere enviar un paquete a España desde New York.
Julia lo lleva a la oficina de correos principal en la Octava avenida y calle 32 en New York.

(uei)
ALFREDO   **The package does not weigh much, but it is very big. Are they**

(charch)
going to charge me a lot of money to send it?
cobrarme   mandarlo

JULIA   **You are sending it by airmail, aren't you?**

232

ALFREDO	**No.**
JULIA	**Then, it is not going to cost you too much, but it is not going to arrive very soon!** *(a-RAIV)*
ALFREDO	**When will it arrive?**
JULIA	**In six weeks, more or less.** más o menos
ALFREDO	*(UED-ing)* **But it is a wedding gift for my sister and she is** boda **getting married in two weeks!** se casa
JULIA	**What kind of gift is it?**
ALFREDO	*(chok)* *(DAI-pers)* **It is a joke. It is a package of diapers ... I want** broma **to be an uncle very soon!**
JULIA (laughing)	*(UA-ri)* *(PLEN-ti)* **Don't worry. I think that your package will get there with plenty of time** *(sper)* **time to spare.** tiempo de sobra

Después de leer la conversación anterior varias veces, vea si puede llenar los espacios en blanco con las palabras que faltan:

The _____ doesn't _____ too much, but it is very big. Are they going to charge me a

lot to _____?

Are you going to send it by _____?

No.

Then it is not going to cost you _____, but it is not going to arrive very _____.

_____ is it going to arrive?

In six weeks _____ or _____.

But it is a _____ gift for my sister and she is _____ _____ in two _____.

What _____ of gift is it?

It is a _____. They are diapers ... I want to be an _____ very soon.

Don't _____. I think that your package is going to be there with time to _____.

Alfredo and Julia enter the post office and they go to the window to mail packages.

ALFREDO   (al empleado de correo) **I would like to send this package by ship to Spain and I** *(chip)*

don't want to insure it. barco

EMPLOYEE   **First you have to fill out this form. Write your first name, last name and**
llenar   formulario
your address.

(The employee weighs the package on the scale and Alfredo pays the postage). *(PO-stech)*
balanza   franqueo

ALFREDO   **Can you sell me some airmail stamps?**

EMPLOYEE   **Yes, of course.**

JULIA   **Are you sending postcards to your friends in Spain?**

ALFREDO   **I am going to do that later. First I want to see if there are letters in my post** *(LEI-ter)*
después
office box. I am waiting for a very important letter. If I am going to stay here
casilla   quedarme
longer, I need a check from my father!

¿Puede contestar estas preguntas después de haber leído la conversación anterior varias veces?

1. En el correo, ¿adónde lleva los paquetes para ser enviados?
   To the _____.

2. ¿Qué dice si no quiere enviar el paquete por correo aéreo?
   I want to mail this package by _____.

3. ¿Qué necesita llenar para enviar un paquete?
   A _____.

Tache la palabra o expresión que no pertenece a cada grupo:

1. letters, postcard, package, office

2. mailman, bank, mailbox, post office

3. cash, coins, postcard, bills

4. dimes, quarters, nickels, stamps

5. mailman, stamps, teller, mail

¿Puede contestar estas preguntas?

1. Where do you buy stamps? At the _____

2. Where do you cash travelers checks? At the _____

3. Where do you mail letters? In a _____

How we say to try to do something
¿Cómo decimos "tratar de hacer algo"?

To try   =   tratar de

I try   we try
you try   you try
he
    (traiz)
she tries   they try
it

TO TRY + INFINITIVO DEL OTRO VERBO

Ejemplo:
(TRAI-ing)
I am trying to learn a lot of English.
Trato de aprender mucho inglés.

We try to understand the lesson.
Tratamos de entender la lección.

Nota: La tercera persona singular termina con *-ies*

Try to do it!

They try to drink a lot of water.

Ralph tries to ask a question.

We always try to tell the truth.

I try to arrive early.　　verdad

¿Puede contestar las siguientes preguntas con oraciones completas en inglés? Escriba las respuestas y dígalas en voz alta:

1. Do you always try to tell the truth?

_____.

2. Do you try to go to bed early?

_____.

3. Does she try to learn English?

_____.

Y ¿puede contestar estas preguntas con oraciones negativas en inglés?

1. Do you study German?

_____

2. Do you get up at six o'clock?

_____

3. Do you eat steak and potatoes for breakfast?

_____

RESPUESTAS

1. Yes, I always try to tell the truth.
2. Yes, I try to go to bed early. 3. Yes, she tries to learn English.
Oraciones negativas: 1. No, I don't study German. **2.** No, I don't get up at six o'clock.
3. No, I don't eat steak and potatoes for breakfast.

236

27 Telephone Service
Servicio telefónico

HELLO
Diga

El teléfono es un instrumento de comunicación muy importante para todo el mundo. En los Estados Unidos generalmente se contesta el teléfono con las palabras **Hello** y **Hi**. En las oficinas se usan las expresiones **Good Morning** o **Good Afternoon**. Trate de escribir y decir en voz alta las siguientes palabras y expresiones que puede necesitar cuando use el teléfono.

to dial
marcar un número

_____

busy
está ocupada

_____

I can't hear.
no oigo bien

_____

operator
telefonista

_____

(jeng)
to hang up
colgar

_____

public telephone
teléfono público

_____

call
llamada

_____

a local call
llamada local

_____

long distance call
llamada de larga distancia

_____

person-to-person
de persona a persona

_____

(TE-le-fon)
telephone
teléfono

_____

(rong)
wrong number
número equivocado

_____

(ko-LEKT)
collect call
cobrar al número llamado

_____

(di-REK-to-ri)
telephone directory
guía telefónica

_____

directory assistance
guía de ayuda

_____

Juan and Ana would like to visit their relatives in

New York. First, Juan has to call them on the phone.
                 llamarlos

(fon) appears above "phone."

telephone booth
cabina telefónica

JUAN	*(a un transeúnte en la calle)* **Can you tell me where I can find a** *(PAB-lik)* **public telephone?**
PASSERBY transeúnte	**There is a telephone booth on the next corner.**
JUAN	*(a Ana)* **I am going to get change in this bar.** *(chench)* / buscar

They both go to the telephone booth and Juan gets on the phone. He dials "0"
(PLEI-ces)
for the operator, talks to her, and places some coins in the slot. The operator connects him with his uncle's house.

UNCLE	**Hello...**
JUAN	**Uncle Joseph, it's me, Juan.** soy yo
UNCLE	**Hello, Juan. Are you in New York again?**
JUAN	**Yes, uncle. Ana and I are coming to your house this afternoon.**
UNCLE	**Very well. Aunt Josephine and I are going to be here all afternoon.**
JUAN	**Fine, uncle. See you soon!** hasta pronto

En New York y en casi todas las ciudades de los Estados Unidos usted puede hacer una llamada al extranjero con toda facilidad, sin tener que ir a ningún lugar especial. Podrá hacer llamadas directamente desde su habitación con la ayuda de la telefonista del hotel, pero a veces esto es mucho más caro. Si quiere ahorrar dinero, puede usar el teléfono público y marcar el número usted mismo. Recuerde tener muchas monedas o compre una tarjeta telefónica si quiere charlar un rato.

Haga un círculo en las palabras o expresiones correctas para completar las siguientes oraciones:

1. Juan wants
    to dial
    to write to his uncle
    to make a phone call

2. Juan can't
    hear
    see
    open the door

3. Before hanging up the receiver, Juan says
    "Good afternoon"
    "Hello"
    "See you soon"

4. Juan places the coins in the
    slot
    washing machine
    door

5. Juan calls from *desde*
    the hotel
    a telephone booth
    his house

6. After talking to his uncle,
    Juan dials the number
    hangs up the receiver
    goes to sleep

Tag questions

Otra forma de hacer preguntas en inglés es añadir un "**tag**" con el verbo **to be** y el sujeto al final de la oración. Si la oración es afirmativa, usted usa **not** en el tag. Si la oración es negativa no hay **not** en el tag.

Por ejemplo:

He is late, isn't he?
La pregunta será contestada: **Yes, he is.**

He's not late, is he?
La pregunta será contestada: **No, he's not.**

Algunos ejemplos más:

    These are expensive, aren't they?
    You aren't hungry, are you?
    We aren't late, are we?

1. ¿Quién es la persona que le ayuda a hacer la llamada?

   the _____.

2. ¿Qué palabra describe una llamada a un lugar fuera de la ciudad?

   a _____ call.

3. ¿Cuál es el nombre del libro que usted consulta para encontrar un número telefónico?

   the _____ .

4. Cuando una persona equivocada contesta su llamada, ¿qué ha conseguido usted?

   a _____.

5. ¿Dónde puede hacer una llamada telefónica desde la calle?

   in the _____.

6. Cuando su teléfono suena y usted levanta el receptor, ¿qué dice usted primero?

   h _____.

7. Cuando usted no tiene dinero y quiere que la persona al otro lado de la línea pague la cuenta, ¿qué debe decirle a la telefonista?

   I want to make a _____ call.

8. ¿Cómo describe la situación cuando la línea está ocupada?

   It's _____ .

9. Después de tomar el receptor y poner las monedas en la ranura, ¿qué es lo siguiente que necesita hacer para conseguir a la persona que está llamando?

   I have to _____.

10. Si usted está haciendo un llamada de larga distancia y quiere hablar solamente con una persona específica, ¿qué clase de llamada debe hacer?

    A _____ call.

RESPUESTAS

1. operator 2. long distance 3. telephone directory
4. wrong number 5. telephone booth 6. Hello
7. collect 8. busy 9. dial the number 10. person-to-person

Pruebe a contestar las siguientes preguntas en voz alta:

1. Do you read many news magazines?
   noticias

2. Do you remember your first teacher's name?
   maestra

3. How many times a week do you read the newspaper?
   por

4. Do you remember the new words about the telephone?
   palabras sobre

Vea cuántas palabras puede encontrar a continuación. Haga un círculo a cada una. Hay 6 además de la que le hemos dado.

F	E	T	E	L	E	P	H	O	N	E	Z	T	R
U	M	O	V	L	S	V	C	T	U	N	E	R	O
X	W	V	L	A	O	N	S	U	M	D	I	A	L
C	A	L	L	V	P	V	A	F	B	Z	L	O	P
C	R	N	T	L	E	K	L	C	E	V	A	E	T
H	V	A	E	T	R	Z	I	N	R	S	T	X	D
A	S	T	X	Z	A	L	T	X	M	W	L	A	V
R	U	R	U	D	T	D	M	E	A	S	H	G	M
G	L	S	V	K	O	C	S	B	O	O	T	H	R
E	M	P	B	X	R	N	U	D	K	V	L	O	Q

A CHECKUP

examen médico

John and Frank tienen una gran ambición: hacerse médicos. Ellos empiezan temprano a prepararse para su profesión, preguntándose cada uno las partes del cuerpo.

JOHN   **How many heads are there on the body?**

(BA-di)

cuerpo

FRANK   **Don't be silly! There is only one.**

(CI-li)

tonto

JOHN   **What do you find on your face?**

FRANK   **Well, you have your nose, your mouth, and your eyes, and above**

(maut')

nariz   boca   ojos

your eyes you have your eyebrows.

(eiz)   (AI-braus)

cejas

JOHN   **And now, tell me if you know, what do you have in your mouth?**

FRANK   **You have your tongue and teeth.**

(tang)   (tit')

lengua   dientes

JOHN   **How many teeth are there in your mouth?**

FRANK   **Normally, there are thirty-two teeth in your mouth.**

(jed)

head

(noz)

nose

(feis)

face

(irz)

ears

242

JOHN   *(bi-TUIN)*
What do you have between your head and your body?

(nek)
neck
el cuello

FRANK   *(nek)*
You have your neck. Now, how many
cuello
arms do you have?

(armz)
arms
los brazos

JOHN   **An easy question: two.**
fácil

FRANK   **What do you use to write?**
escribir

(jendz)
hands
las manos

JOHN   *(jend)*   *(FIN-guerz)*
You use your hand and fingers.
mano   dedos

FRANK   **How many fingers do you have on both hands?**

(FIN-guerz)
fingers
los dedos

JOHN   **You have ten fingers.**

FRANK   **What do you use to walk?**
caminar

(legz)
legs
las piernas

JOHN   **You use your legs and feet.**
piernas   pies

FRANK   *(RI-li)*
John, we really know a lot!

(fit)
feet
los pies

(jer)
hair
el pelo

(eiz)
eyes
los ojos

243

(maut')
mouth
la boca

(CHOL-ders)
shoulders
los hombros

(MOS-tech)
mustache
el bigote

eyebrows
las cejas

(chiks)
cheeks
las mejillas

(EL-bos)
elbows
los codos

chest
el pecho

(AI-lids)
eyelids
los párpados

(FOR-jed)
forehead
la frente

(toz)
toes
los dedos de los pies

(be-JAIND)
behind
el trasero

(niz)
knees
las rodillas

back
la espalda

(tit')
teeth
los dientes

(tang)
tongue
la lengua

(chin)
chin
la barba o la barbilla

(AI-lech-ez)
eyelashes
las pestañas

Nota: En español, con las partes del cuerpo usamos los artículos: *el*, *la*, *los*, y *las*, pero en inglés se usan los adjetivos posesivos *my*, *your*, *his*, etc.

Haga un círculo en las palabras correctas para completar las oraciones a continuación.

1. The man has (ten, two, one) head.

2. (We see, we hear, we run) with the eyes.

3. The ears are (in front of, behind, on the sides of) the head.

4. The nose is on the (face, the hand, the feet).

5. The hands are at the ends of (the legs, the arms, the fingers).

6. We wear shoes on (the hands, the ears, the feet).

Haga una línea entre las palabras que tengan relación en ambas columnas:

1. chest	a. la frente
2. back	b. los párpados
3. your toes	c. la barba
4. forehead	d. los hombros
5. what you sit on	e. los codos
6. shoulders	f. la espalda
7. eyelids	g. el pecho
8. knees	h. el trasero
9. elbows	i. las rodillas
10. chin	j. los dedos del pie

Where do women put blush? on their _____

Where do women put mascara? on their _____

Whose?

Cuando hablamos del cuerpo en inglés, usamos los pronombres posesivos:

my, your, his, her, our, their.

Por ejemplo: **I comb my hair.**

His foot hurts.

They wash their hands.

¿Puede traducir estas oraciones?

1. Tengo dolor de garganta.

_____.

2. Pedro se cepilla los dientes.

_____.

3. María se lava el pelo.

_____.

4. Tiene dolor de pie.

_____.

¿Puede contestar estas preguntas?

1. Do your feet hurt when your shoes are too small?

2. Do you wear your hair very short?

3. Do you put your hat on your head?

OPEN WIDE
Abra bien

(EX-rai)
X-ray
la radiografía

filling
el empaste

(FIL-ings)   *(FO-len)*
one of my fillings has fallen out
se me ha saltado un empaste

(KA-ve-ti)
to fill a cavity
empastar una carie

(pul)
to pull a tooth
sacar un diente

(kraun)
crown
la corona

to drill
taladrar

to spit
escupir

cavity
la carie

Dental Expressions
Expresiones dentales

local anesthesia
anestesia local

to clean the teeth
limpiar los dientes

(brich)
bridge
el puente dental

THE DENTIST
El dentista

Theresa has a toothache. She makes an appointment with the dentist for
　　　　　　　dolor de muela　　　　　　　　hace una cita

two o'clock in the afternoon.

RECEPTIONIST **Good afternoon, madam. Do you have an appointment
with the dentist?**

THERESA	Yes, at two o'clock. My name is Theresa Martínez.

RECEPTIONIST Dr. Ferguson will take care of you right away.
(rait)   (a-UEI)
atenderá   en seguida

DENTIST Miss Martínez, come in. What is your problem?

THERESA I have a bad toothache.

DENTIST Do you have any cavities? Do you brush your teeth every day? Sit
down, please. Do you floss your teeth? Where does it hurt?
hilo   duele

THERESA On the right and towards the back.
(tords)
atrás

DENTIST Open your mouth, please. I am going to see. But, Theresa, this is
incredible! You have dentures.
(DEN-churs)
dentadura postiza

THERESA Oh, yes. I keep forgetting! How much do I owe you?
(for-GUET-ing)

DENTIST Seventy dollars for the consultation.
(kon-sul-TEI-chon)
consulta

My head hurts
Me duele la cabeza

Cuando le duele algo, en inglés decimos **Something hurts.**

Por ejemplo, decimos:

My throat hurts. (Me duele la garganta.)

Mary's knees hurt. (A María le duelen las rodillas.)

Does your head hurt? (¿Le duele la cabeza?)

SAY "AAH..."
Diga "Aah..."

Medical Expressions
Expresiones médicas

(JI-sto-ri)
medical history
los antecedentes médicos

(SPE-cha-list)
specialist
el especialista

(CHEN-er-al) (prak-TI-chon-er)
general practitioner
el médico general

(PEI-chent)
patient
el paciente

(PRE-cher)
blood pressure
la tensión (la presión) arterial

to stick out your tongue
sacar la lengua

weight
el peso

(YU-rin) (SEM-pel)
urine sample
la muestra de orina

blood count
el análisis de sangre

surgeon
el cirujano

(IL-nes)
illness
la enfermedad

(MEI-cher) (SER-che-ri)
major surgery
la cirugía mayor

(blad) (trens-FYU-chon)
blood transfusion
la transfusión de sangre

anesthesia
la anestesia

(MAI-ner)
minor surgery
la cirugía menor

(helt') (in-CHU-rens)
health insurance
el seguro médico

(ap-er-EI-chon)
operation
la operación

recuperation
la recuperación

(me-di-KAI-chon)
medication
el medicamento

(in-CHEK-chon)
injection
la inyección

(ri-KU-per-eit)
to recuperate
recuperarse

250

medical records
los antecedentes médicos

_____

(pre-SKRIP-chon)
prescription
la receta

_____

blood *(gueich)*
pressure gauge
el esfigmómetro

_____

thermometer
el termómetro

_____

Practique escribiendo y diciendo en voz alta las siguientes oraciones:

I need a general practitioner. _____.

(in-FEK-chon)
I have an infection in my throat. _____.

I can't breathe well. _____.
respirar

(STA-fi)
I have a stuffy nose. _____.
tapada   nariz

(chils)   (FI-ver)
Doctor, I have chills and a fever. _____.
escalofríos

(cof)
I cough a lot. _____.
toso

(pein)

I have pain in my chest when I breathe. _____ .

I have a sore throat. _____ .

I am allergic to penicillin. _____ .

(cof)

Will you prescribe something for my cough? _____ .

     recetarme   tos

Conteste las siguientes preguntas, por favor.

1. Do you sit down when your feet hurt?

2. Do you sit down when you eat?

(uach) (ti-VI)

3. Do you sit down to watch TV?

4. Can you walk when you are seated?

Esperemos que no le ocurran emergencias, pero si esto le pasa, estará preparado.

Note que en la siguiente conversación la esposa y el juez usan el tiempo presente, aunque ellos hablan de un hecho pasado.

THE JUDGE   *(breik)* **Did you break your husband's skull**
rompe

                   with the umbrella you are carrying

                   in your hand?

THE WIFE   **Yes, Sir, but unintentionally.**
                 sin querer

THE JUDGE   *(AK-ci-dent)* **An accident, eh?**

THE WIFE   **The accident is that I broke my umbrella.**
                         rompí

(col) *(EM-byu-lens)*
TO CALL AN AMBULANCE
Para llamar una ambulancia

JOHN   *(pri-PERD)*   *(i-MER-chen-si)*   *(a-TEK)*
I must be prepared for any emergency. If my wife suffers a heart attack
preparado   sufre   ataque cardíaco

       and she has to go to the hospital, what do I have to do?

GEORGE   **It is not difficult. The paramedics will take her to the hospital in an ambulance**
                               asistentes médicos

       (fyu) *(MI-nuts)*
       in a few minutes.

JOHN   *(AX-i-chen)*
Do they have oxygen in the ambulance?

253

GEORGE	*(KAR-di-ek) (ma-SACH)* **Of course. Also they can give her a cardiac massage and check** masaje cardíaco *(pols)* **her pulse and blood pressure.**
JOHN	**Very well. Then I don't have to** **worry.** preocuparme
GEORGE	**Not at all.** de ninguna manera

(po-LIS)
THE POLICE
policía

Cada ciudad tiene su propio departamento de policía. Se puede encontrar un departamento de policía en ciudades grandes y pequeñas. También en el camino se encuentra la **state police** (policía del estado) que puede ayudarle si usted viaja por automóvil.

Si una emergencia ocurre, marque el número 911. Este número es para la policía y la ambulancia en caso de emergencia.

ANTES DE SALIR DE VIAJE
Before leaving on a trip

Ahora hemos llegado al paso final y más importante de nuestro aprendizaje, y usted debe estar preparado para tratar con una gran cantidad de situaciones diarias cuando esté viajando. Es hora de ver cómo sale usted de todo esto. ¿Cómo lo pasará en las siguientes situaciones? Vale la pena repasar cada lección del libro para refrescar la memoria. Ponga una señal en la casilla apropiada después de las alternativas siguientes.

(GUET-ing)
Situation 1: Getting to Know People
Para conocer a la gente

1. Es por la tarde y usted encuentra a alguien. ¿Qué dice usted para empezar una conversación?

    a. Good afternoon. ❑
    b. I will see you. ❑
    c. Good evening. ❑

2. Usted acaba de encontrarse con un amigo. ¿Qué dice usted?

    a. Say. ❑
    b. Hello. ❑
    c. What is your name? ❑

3. Alguien le pregunta "¿Cómo está?" ¿Cuáles son las dos que no pueden usarse en la contestación?

    a. I am an American. ❑
    b. At two o'clock in the afternoon. ❑
    c. Very well, thank you. ❑

RESPUESTAS
1: 1. a 2. b 3. a, b

Situation 2: Arrival

Llegada

1. Usted no tiene reservación en el hotel.

    a. How are you, sir? ❑
    b. I don't have a reservation. ❑
    c. I live in the United States. ❑

2. Usted quiere decir que necesita una habitación.

    a. I like the country. ❑
    b. I have just arrived. ❑
    c. I need a room. ❑

3. Usted quiere saber el precio de un cuarto.

    a. Where are the restrooms? ❑
    b. How much is the room? ❑
    c. Is it a big room? ❑

Situation 3: Seeing the Landmarks, Important Places

Visitando los puntos de interés

1. Usted está caminando y quiere encontrar cierta calle:

    a. Where is the post office? ❑
    b. When is the next bus coming? ❑
    c. Where is this street? ❑

2. El transeúnte le dará varias direcciones como:

    a. I go to bed late. ❑
    b. Yesterday, today, tomorrow. ❑
    c. To the left, to the right, straight ahead. ❑

3. Usted acaba de subir al autobús y usted quiere preguntar dónde bajarse. Usted dice:

    a. How much is the fare, please? ❑
    b. Where do I get off for the museum? ❑
    c. Are you French? ❑

4. Usted detiene un taxi y antes de entrar en él, usted quiere saber cuánto costará ir hasta la avenida Par|

    a. Do you know where Park Avenue is? ❑
    b. Is Park Avenue very far away? ❑
    c. How much does it cost to go to Park Avenue? ❑

RESPUESTAS

2: 1.b 2.c 3.b 3: 1.c 2.c 3.b 4.c

256

5. Usted ha olvidado su reloj. Usted detiene a un transeúnte para preguntarle la hora. Usted dice:

    a. Do you have a schedule? ❑
    b. How is the weather? ❑
    c. What time is it? ❑

6. El transeúnte no contestaría:

    a. It is twenty minutes past two. ❑
    b. It is a quarter to one o'clock. ❑
    c. It costs a dime. ❑

7. Usted está en la estación del tren y quiere comprar un boleto. Usted dice:

    a. I want to learn English. ❑
    b. Where is Chicago? ❑
    c. I need to buy a ticket to New York. ❑

8. El empleado le dice que usted tiene que hacer un empalme. El dice:

    a. You have to make a connection. ❑
    b. It is very cold today. ❑
    c. The luggage is in the baggage car. ❑

9. Usted quiere decirle a alguien que es español y que habla poco inglés. Usted dice:

    a. I am Swiss and I speak German. ❑
    b. I am Spanish and I speak a little English. ❑
    c. My wife takes Italian lessons. ❑

10. Si alguien le preguntara qué nacionalidad tiene, ni él ni ella le diría:

    a. Are you Mexican? ❑
    b. Are you English? ❑
    c. Are you Spanish? ❑
    d. Are you tired? ❑
    e. Are you Japanese? ❑

11. Usted quiere alquilar un coche muy barato. Usted podría decir al empleado:

    a. I want to rent an expensive car. ❑
    b. I want to leave the car in another city. ❑
    c. I want to rent a cheap car. ❑

12. Usted quiere llenar el tanque de gasolina del coche. Usted podría decir:

    a. It costs a lot. ❑
    b. Fill up the tank, please. ❑
    c. Check the oil, please. ❑

13. Usted pregunta al empleado de un campamento sobre los servicios disponibles. Usted no diría:

    a. Do you have water? ❑
    b. Do you have a playground? ❑
    c. Do you have a map of the city? ❑

RESPUESTAS
5. c   6. c   7. c   8. a   9. b   10. d   11. c   12. b   13. c

14. Si usted le preguntara al empleado del campamento cuánto cuesta quedarse por día, ¿qué dos cosas no diría él?

      a. Two miles. ❑

      b. $15. ❑

      c. A liter. ❑

15. Si alguien le preguntara qué tiempo hace en la primavera en un día agradable, usted no diría:

      a. It is nice weather. ❑

      b. It is raining. ❑

      c. The sky is clear. ❑

16. Si hace frío, en un día invernal, usted no diría:

      a. Is it snowing today? ❑
      b. Is it hot today? ❑
      c. Is it cold today? ❑

17. En el aeropuerto, usted podría oír esto por el altoparlante:

      a. Flight #300 to New York is leaving at ten after four. ❑

      b. Flight #300 to New York is interesting. ❑

      c. Flight #300 to New York costs a lot. ❑

18. Para preguntar a un empleado de la línea aérea a qué hora sale su vuelo, usted diría:

      a. What time is my flight leaving? ❑

      b. Do you travel by car? ❑

      c. When will flight #300 arrive? ❑

Usted deberá entender la siguiente historia. ¿Puede encontrar todos los nombres y pronombres posesivos?

MARY	**Hi, Barbara! Where are you going?**
BARBARA	**I'm going to Jane's house. Do you want to come?**
MARY	**No, thanks, it's too far. Why don't you come to my house?**
BARBARA	**Because I told Jane I'm going to hers!**
MARY	**Well, let's call Tom and Ed and go to their house!**
BARBARA	**Good idea! Instead of going to your house, we'll meet at theirs!**

Situation 4: Entertainment
Diversiones

1. Usted va a una diversión nocturna. ¿Cuál de las siguientes oraciones sería mejor?

    a. We go to the beauty shop. ❏

    b. We go to the pharmacy. ❏

    c. We go to the theatre. ❏

2. Si alguien le pregunta cuál es su deporte favorito, ¿qué contestación no diría?

    a. I like bicycling. ❏

    b. I like to travel. ❏

    c. I like to swim. ❏

Situation 5: Ordering Food
Vamos a pedir comida

1. Usted quire preguntar dónde hay un buen lugar para comer. Usted podrá decir:

    a. Where is there a shoe store? ❏

    b. Where do you live? ❏

    c. Where is there a good restaurant? ❏

2. Como una posible contestación a la pregunta anterior, usted no diría:

    a. Could I get a soda at the bar? ❏

    b. This restaurant is very good. ❏

    c. At the next coner. ❏

3. Cuando un camarero le pregunta qué desea, él debe decir:

    a. What would you like, sir (madam)? ❏

    b. May I bring you the bill? ❏

    c. I want roast chicken. ❏

4. Para ver el menú, usted diría:

    a. Would you please bring the menu? ❏

    b. What desserts do you serve? ❏

    c. Do you need the menu? ❏

5. ¿Cuál de los siguientes no está relacionado con la comida?

    a. to have dinner ❏

    b. to have lunch ❏

    c. to have breakfast ❏

    d. to hear ❏

    e. to have a snack ❏

RESPUESTAS

4: 1.c 2.b 5: 1.c 2.a 3.a 4.a 5.d

Situation 6: At the Store

En la tienda

1. Usted ha hecho una lista para el mercado, pero no hay ningún supermercado disponible en los alrededores. ¿Dónde conseguirá las cosas que usted desea? Trace una línea de los artículos a las tiendas que usted visitará.

1. milk	a. vegetable store
2. trout	b. liquor store
3. carrots	c. ice cream parlor
4. wine	d. dairy
5. bread	e. meat store
6. steak	f. fish store
7. ice cream	g. bakery

2. Usted va a una tienda de ropa de hombre. Trace una línea por los artículos que usted no encontraría allí.

   panties, shirts, neckties, slips, bras, underwear, belts, socks

3. Una de las siguientes listas no tiene relación con la ropa. Trace una línea por ella.

   a. a blue suit, a black jacket, a white shirt
   b. a cotton dress, a green blouse, pantyhose
   c. German, French, English

4. Tache la pregunta que usted no haría en un supermercado.

   a. How much is it?
   b. What size do you wear? What is your size?
   c. Do you have toilet paper?

5. ¿Cuáles de los artículos siguientes llevaría usted a una lavandería automática?

       a. detergent _____

       b. dirty clothes _____

       c. a flower _____

       d. coins _____

6. Trace una línea de la palabra en español a su equivalente en inglés.

1. haircut	a. rubio
2. scissors	b. patillas
3. moustache	c. ondas
4. a wash and set	d. un corte de pelo
5. waves	e. peluquería
6. to shave	f. tijeras
7. blond	g. bigote
8. sideburns	h. un lavado y un peinado
9. beautician (hairdresser)	i. afeitar

7. Haga un círculo alrededor del lugar donde usted podría hacer cada pregunta.

    a. Can you put a heel on this shoe? (watchmaker's shop, gift shop, shoemaker's shop)

    b. Do you have cigarettes? (the tobacco store, the dry cleaner's, the stationery store)

    c. How much is this magazine? (the post office, the bank, the newsstand)

    d. Will you show me a gold ring? (the clothing store, the jewelry store, the subway)

    e. Do you have any notepads? (the stationery store, the meat store, the bus stop)

¿Recuerda este cuento? Llene los espacios en blanco con las palabras que faltan.

MARY   **Hi, Barbara! Where _____ you going?**

BARBARA   **I'm going to Jane's house. Do you want _____come?**

MARY   **No, thanks, it's too far.   Why _____ you come to my house?**

BARBARA   **Because I told Jane I'm going to _____!**

MARY   **Well, _____ call Tom and Ed and go to their house!**

BARBARA   **Good idea! Instead of going _____ your house, we'll meet**

        at theirs!

Situation 7: Essential Services

Servicios esenciales

1. Usted está en el banco y desea cambiar unos cheques de viajero. Usted debe decir:

    a. When does my flight leave? ❑

    b. Should I take an aspirin? ❑

    c. I would like to exchange these traveller's checks. ❑

2. Para depositar dinero, usted necesitará pedir:

    a. a withdrawal slip ❑

    b. a deposit slip ❑

    c. a checkbook ❑

3. Un empleado de banco no le preguntaría:

    a. Do you need a skirt? ❑

    b. Will you please sign this form? ❑

    c. Do you have your passport? ❑

4. Tache los artículos que usted no asociaría con el correo.

    eyeglasses, stamps, packages, postage, boots, booth, postcards, letters, desserts

5. Usted contesta una llamada telefónica con...

    a. How are you? ❑

    b. I'll see you. ❑

    c. Hello. ❑

6. Si usted quiere hacer una llamada de larga distancia, usted dice:

    a. I want to pay my bill.
    b. Do I have to give a tip?
    c. I want to make a long-distance call.

7. ¿Cuál de las oraciones siguientes no le preguntaría un doctor?

    a. Do you smoke a great deal?
    b. Do you have a sore throat?
    c. What time does my train leave?

8. Tache la única oración a continuación que usted no usaría en caso de emergencia:

    a. Call the police, please.
    b. We need an ambulance.
    c. I like to swim.
    d. Help!

la sala, la cocina, el cuarto de baño, la alcoba

What rooms does the house have?

el hotel

Where did the tourists arrive?

caminar

What are the two girls doing?

la hija

Who is Susan?

el ascensor

Where are these people?

detrás, delante

Where is the boy?

el padre

Who is Paul?

la maleta

What is the bellboy carrying?

bajar

What is the tourist doing?

living room: We watch TV in the living room.
kitchen: We eat in the kitchen.
bathroom: We wash in the bathroom.
bedroom: We sleep in the bedroom.

hotel
The tourists arrive at the hotel.

to walk
The two girls walk along the street

daughter
Susan is the daughter of Paul and Ann.

elevator
They are in the elevator.

behind: The boy is behind the house.
in front of: The boy is in front of the house.

father
Paul is the father of Peter and Susan.

suitcase
The bellboy carries four suitcases.

to get out
The tourist gets out of the taxi.

la gaseosa

What is the boy drinking?

el reloj

What are the father and the daughter looking at?

1:15

What time is it?

el periódico, la revista

What do we buy at the newsstand?

la iglesia

Where does your family go on Sunday?

ser

Where are you from?

el nombre

What is your name?

tomar

What are these people doing?

6 y 10

What time is it?

soda, soft drink
The boy drinks a soda.

newspaper, magazine
We buy magazines and newspapers
at the newsstand.

name:
My name is...

clock (grande), *watch* (pequeño)
They look at the clock.

church
My family goes to church on Sunday.

to take
They are taking the bus.

quarter
It is quarter past one.

to be
I am from the United States.
I am North American.

and
It is six and ten.

el tren

How are the passengers traveling?

 el francés

What language does this man speak?

el coche

Where is the dog?

21 para las 9

What time is it?

la taquilla

Where is the woman buying her ticket?

el inglés

In what language does this man write?

2:30

What time is it?

el andén

Where are the passengers and the porter?

Spanish

What language does this lady understand?

train
The passengers travel by train.

to
It is twenty-one to nine.

French
The man speaks French.

ticket window
She buys her ticket at the ticket window.

half
It is two and a half.

car
The dog is in the car.

English
This man writes in English.

boarding platform
The passengers and the porter are on the boarding platform.

Spanish
This lady understands Spanish.

tener frío, tener calor

How are these people?

sediento, hambriento

Why does the first boy want to drink water?
Why does the second boy want to eat?

enfermo

How is the young man?

la llanta

How is this car part called?

la bomba

How do you put gasoline in your car?

llover

How is the weather today?

el mecánico

What do the truck and the car need?

la tienda de comestibles

Where can you buy butter and ham?

buen tiempo, soleado

How is the weather today?

to be cold, to be hot
The two men are cold.
The woman is hot.

tire
This car part is the tire.

mechanic
The truck and the car need a mechanic.

thirsty, hungry
The first boy wants to drink water
because he is thirsty.
The second boy wants to eat
because he is hungry.

gas pump
You use the gas pump.

grocery store
You can buy ham and butter at
the grocery store.

sick
The young man is sick.

to rain
It is raining today.

fine weather, sunny
The weather is fine; it is sunny.

la primavera, el verano, el otoño, el invierno

Which are the seasons of the year?

correr

What are these people doing?

el desayuno

When do you eat toast?

alto, bajo

How are the mother and her daughter?

el teatro

Where are we going tonight?

el traje de baño

What do you wear when you go to swim?

el cuatro de julio

What is today's date?

dormir

What is the boy doing now?

saber

Do you know how to swim?

spring: The weather is fine in spring.
summer: It is hot in summer.
fall: It rains a lot in the fall.
winter: It snows a lot in winter.

to run
These people run.

breakfast
I eat toast for breakfast.

tall, short
The mother is tall.
The daughter is short.

theater
Tonight we go to the theater.

bathing suit
I wear a bathing suit.

Fourth of July
Today is the Fourth of July.

to sleep
The boy is sleeping now.

to know
Yes, I know how to swim.

café con leche, té

What do you prefer to have?

las legumbres; los espárragos, las espinacas

What are these?

el queso, la naranja

For dessert, what would you like?

comer

What does the man like?

la botella de vino

What can we have with our dinner?

el camarero

Who brings the meal?

la carne

What do you cut with the knife?

flight attendant

Who serves the passengers?

la mantequilla

What do you put on your bread?

coffee with milk, tea
I prefer to have coffee with milk for breakfast.
I prefer to have tea for breakfast.

vegetables; asparagus, spinach
Asparagus and spinach are vegetables.

cheese, orange
I prefer cheese or an orange for dessert.

to eat
The man likes to eat.

bottle of wine
We can have a bottle of wine with our dinner.

waiter
The waiter brings the meal.

meat
I cut the meat with the knife.

flight attendant
The flight attendant serves the passengers.

butter
I put butter on my bread.

quitarse

What is the young man doing?

---

la confitería, la licorería

Where can you buy a box of chocolates?
Where can you buy a bottle of vodka?

---

la aspirina

What do you take when you have a headache?

---

el invierno

In what season do you wear a raincoat?

---

los guantes

What do you wear on your hands if it is cold?

---

el alpinismo

What sport do these people like?

---

el impermeable, el paraguas

What do you wear and what do you carry when it rains?

---

los calcetines

What do you need?

---

el mercado al aire libre

Where is it possible to buy fresh food?

to take off
The young man is taking off his jacket.

winter
I wear a raincoat in winter.

raincoat, umbrella
When it rains I wear a raincoat and
I carry an umbrella.

candy store, liquor store
I can buy a box of chocolates at the candy store.
I can buy a bottle of vodka at the liquor store.

gloves
If it is cold I wear gloves on my hands.

socks
I need new socks.

aspirin
When I have a headache I take aspirin.

mountain climbing
They like mountain climbing.

farmer's market
It is possible to buy fresh food
at the farmer's market.

el desodorante

What should we use every day?

la peluquería

Where does Mary go for a permanent?

el bolígrafo, el papel de escribir

What can you find in a stationery store?

la máquina de afeitar

What do men use to shave?

el corte de pelo

When does Anthony go to the barbershop?

el quiosco

Where can he buy magazines?

la farmacia

Where do you go to buy pills for a sore throat?

la lavadora, la secadora

Where do you put the detergent in?
What do you use to dry the clothes?

champú

What do you need to wash your hair?

deodorant
Every day we should use the deodorant.

electric razor
Men use an electric razor.

pharmacy
I buy the pills at the pharmacy.

beauty parlor
She goes to the beauty parlor.

haircut
He goes to the barbershop when he needs a haircut.

washing machine, dryer
I put the detergent in the washing machine. I use the dryer to dry the clothes.

ballpoint pen, stationery
I can find a ballpoint pen and stationery.

newsstand
He can buy magazines at the newsstand.

shampoo
To wash my hair I need shampoo.

la medianoche

At what time do you go to bed?

las orejas

Where is this woman wearing her earrings?

la tienda de artículos de regalo

Where do they sell scarves?

las tarjetas postales

What do you send to your friends?

el anillo

What do you wear on your finger?

el regalo

What does she give to her friends for Christmas?

las maletas

What do the passengers want when they get off the airplane?

la relojería

Where do you take your watch to repair it?

el joyero

Who will sell you a bracelet?

midnight
I go to bed at midnight.

postcards
I send postcards to my friends.

earrings
She wears the earrings on her ears.

ring
I wear a ring on my finger.

suitcases
They want their suitcases.

gift shop
They sell scarves at the gift shop.

gift
She gives gifts to her friends on Christmas.

watchmaker's shop
I take my watch to the watchmaker's shop.

jeweler
The jeweler will sell me a bracelet.

el tocadiscos

What do we use to listen to our discs?

la música clásica, la música popular

What kind of music do you and your friend like?

los cheques de viajero

How should tourists carry their money?

la cartera

Where does he put his money in?

caro

Are good perfumes cheap?

las gafas rotas

What does the optometrist repair?

la plata

What is silverware made of?

la cámara, la película

What do we need to take pictures?

shoemaker

Where are shoes repaired?

CD (sídí) player
We use the CD player.

classical music, popular music
I like classical music.
My friend likes popular music.

travelers' checks
They should carry their money
in travelers' checks.

wallet
He puts his money in his wallet.

expensive
No, good perfumes are expensive.

broken glasses
The optometrist repairs broken glasses.

silverware
Silverware is made of silver.

camera, film
We need a camera and film.

shoemaker's
Shoes are repaired at the shoemaker's.

cobrar un cheque

What does the tourist do at the bank?

la máquina de fax

What do we need to send letters by telephone?

el buzón

Where can we put our letters?

la cabina telefónica

How can we make telephone calls from the street?

la boca

With what part of the body do we eat?

los ojos

With what do we see?

el trasero

On what part of your body do you sit?

el dentista

If she has a toothache, who does she visit?

el doctor

To whom do you show your tongue?

mailbox
We can put them in the mailbox.

fax machine
We need a fax machine.

to cash a check
The tourist cashes a check at the bank.

eyes
We see with our eyes.

mouth
We eat with our mouth.

telephone booth
We can use the telephone booth.

doctor
I show my tongue to the doctor.

dentist
She visits the dentist.

behind
I sit on my behind.